新入社員読本

［第3版］

仕事の基本100のポイント

日本生産性本部［編］

生産性出版

はじめに

夏の夜は、寝苦しく熟睡できない。そのせいか、よく夢を見る。数年前までは、仕事でうまくいかず上司に冷や汗をかきながら弁解をしている場面などの怖い夢を見て目覚めることが多かった。最近では、遠い学校時代の友人などと一緒に何かをしている場面などを見て、目覚めた後もほのぼのとした思い出に浸ることが多くなってきている。

「夢」には、このような浅い眠りのときに見る幻覚、夢物語のように実現可能性のない願望、夢かまぼろしかという言葉に表されるような実体を感じられない出来事などの意味がある。どちらかと言えば、非現実的なはかないものという否定的なニュアンスで使われることの多い言葉である。しかし、夢にはもう一面の肯定的な意味もある。それは、自分が将来実現したい理想像という意味である。

新入社員の皆さんは、いま、学業を終え、激戦と言われる就職活動を勝ち抜いて、目指す会社の社員となったところである。気分はいかがだろうか。学校生活から解放されてホッとしているだろうか。企業組織の一員として果たしてうまくやっていけるかという不安に悩んでいるのだろうか。または、若さに任せて、上司や同僚の言うとおりにがむしゃらに働いていけば、何とかなると楽観的に考えているのだろうか。

社会人の一先輩として言わせていただくなら、どのような気分でいたとしても、「夢」を持ってビジネスパーソンとして生活のスタートを切ってほしい。もちろん、ここで言う「夢」は非現実的なはかないものという意味ではない。将来実現したい理想像という意味での夢だ。自分なりに夢を持ち、これからのビジネス活動の中でその夢を実現できるように工夫していってほしい。

そして、何よりも、共に働く同僚や先輩たちと、その夢を語り合ってほしい。夢というものは、あきらめた途端に消えてしまう弱いものだからだ。まわりの同僚などに夢を語ることは、あきらめてはいけないという自分に対する歯止めとなる。

この本は、新入社員の皆さんが速やかにビジネス活動の基本を身につけられるよう、さまざまなヒントを提供するというつもりで書いた。内容は簡潔を旨としているので、読者がこれからのビジネス活動の実体験を整理して、肉づけをしていってほしい。読者のビジネスパーソンとしての夢の実現に少しでも参考になれば、望外の幸せである。

平成二十三年八月

正木勝秋

［第3版］『新入社員読本——仕事の基本100のポイント』目次

第4章 コミュニケーションの基本
仕事の質を高める察知力を磨く

第5章 ビジネスマナーの基本
社会人としての品格を磨く

第6章 **仕事の基本的な進め方**
課題をやり遂げる行動力を磨く

第7章 **文書の知識**
大切なことを伝える力を磨く

第8章 **電話の対応**
非対面のプレゼンテーション力を磨く

装丁　竹内雄二

第1章

新入社員の心構えと社会人の常識

自分と向き合う力を磨く

社会人として一番意識しなければいけないことは?

「社会人になる」とは自立することだ

学生から社会人になることとは、これまでのステップアップと重みが違う。

これまでにも、進学したり、卒業したり、入賞したり、成人を迎えたときなど、折りにふれてお祝いの言葉をかけられてきたことだろう。しかし、それらの場合と、社会人となった今、言われるお祝いの言葉とでは、同じ言葉であっても、重みはずいぶん違う。その重みを考えることから社会人としての人生を始めてほしい。

これまでは、親や教師の庇護のもとで様々な勉強をしてきたと言えよう。成人したからといっても、その実態には大きな変化はなかったはずだ。しかしこれからは違う。社会人は、自立した存在である。これからは〈自分の力〉で仕事上の責任を果たしていかなければならない。困ったとき、迷ったときに、職場の上司や先輩、親や兄弟姉妹、これまで教え導いてくれた教師などに相談するのはかまわない。しかし、それらの人びとが述べてくれることは、絶対的な指示や指針ではない。あくまでも、参考となる意見・見解にすぎない。その意見や見解をもとに、自ら決め、自ら実行し、結果については自ら責任を負わなければならない。

「自立する」とは、そういうことだ。社会人となったことに対するお祝いの言葉は、そのような生き方ができる一人前の大人となったことを認めて、それを祝う気持ちの表われであると思ってほしい。

一人の人間という存在は、弱いものである。迷うこともあれば、自信を失うこともある。これまでの親や教師のような、絶対に信じることができ、頼っていられる存在を持っていられたら、どんなにか心強いだろう。いかに自立した社会人と言えども、自分自身の力だけで生きていくことはむずかしい。すぐれたアドバイザーは誰にでも必要だ。このアドバイザーを、これから自分の目で見い出すことだ。会社の職場を注意深く観察してみよう。

あなたの周りには、長い社会経験を積み、しっかりした判断基準を持った先輩が多い。まず、そういう先輩を自分のアドバイザーと考えてみよう。自分で考え、積極的に先輩の意見も求め、これを参考として自ら決めて行動する。この繰り返しが、社会人としての今後のあなたの成長を支えるだろう。

しっかりした考え方のベースさえあれば、先輩は面倒がらず快く意見を述べてくれるはずである。

社会人としての能力や知識は誰から学べるのか？

自分自身のよきプロデューサーとなれ

学業を終えたときの気分はどのようなものだったろうか。無味乾燥な教師の講義や指導から解放された、気の重い試験から解放された、やっとせいせいした——という解放感ではなかっただろうか。

教師の講義や指導、また学業につきものの定期的な試験から解放されたというのは間違ってはいない。しかし、社会人になった途端に、学ぶべきことはまだ山ほどあるのに、これからは専属の教師もいなければ学校もない、という事実にも気がつかなければならない。教師、すなわち自分を懇切ていねいに指導してくれる人や、学校、すなわちそこへ行きさえすれば学べる場と切り離されてしまった存在、それが社会人なのである。

自立した社会人には、もはや他に教師はいない。そうかといって、社会人としてはまだまだ未熟な存在。今のあなたは、まさに、そのような状態のはずだ。これからも社会人としての勉強を絶え間なくしていかなければならないとすれば、いったい誰を師とし、どこで学べばよいのか。

種を明かせば、社会人としての教師はあなた自身だ。自分自身をどういう人間として完成させたいかを決め、その実現に向けてどのように自分自身を導いていけばよいかを考え、実践していく。うまくいかないときには再検討し、新しい方法で実践してみる。これまであなたに対して多くの教師が行なってきたこのようなことを、今度は自分自身の手で行なっていかなければならない。

自分自身の未来像として、会社のトップを目指すのもよいだろう。とりあえずは会社で実績を積みながら、社会的に通用する専門の資格取得をねらい、最終的には会社を離れて独立する人生設計もよい。いずれにせよ、どうすればトップになれるか、専門の資格が取得できるかということは自分自身で考え、そこに向けた指導を自分自身の手で行なっていくしかない。

自立した社会人は「自律」も心がける。自律とは、自らの意志をコントロールして悔いのない社会行動を選択していくことだ。

その場限りの自律もあるが、長い人生を見通した息の長い自律もある。自身の社会人教育という側面は、長期的な自律の意志がなければ実践できないだろう。

長期的な自律を念頭に置き、自分で自分をどう導くかを考え、実践していこう。

!

？ 会社の考えに沿って行動すればよい？

常に大局から今を見つめよう

マンションやホテルの建築に際し、設計上、耐震強度の数値を偽装したとして、設計士、建設会社、審査機関などの幹部が国会の証人喚問や参考人招致を受け、そのうちの何人かは刑事告発されるという事件が一〇年ほど前に起き、大きな話題となった。あまりにも衝撃的な事件だったので、きのうのことのようによく覚えている。

その経過をみていると、様々な事情があったにせよ、関係者の間で大きな利益を得ることが最優先という共通した考え方があったように思える。それ以外の、たとえばマンションの住民やホテルの客の安全や安心という点は、ほとんど考えられていなかったと言ってよい。

マンションやホテルは住民が安心して生活したり旅先で利用客がくつろぐ場であり、それゆえの耐震強度基準である。関係者がどう言いわけをしようと、それらの人びとの視野には「利益」しか映っていなかった、と批判されてもしかたがないだろう。

入社すれば、その会社特有の価値観やものの考え方を受け入れて活動しなければならない。最初は違和感や抵抗を感じる価値観についても、時間の経過とともに、自然に身についてしま

会社の価値観だけではなく、広く社会の価値観に敏感でいよう。

う。そして、視野が限定されていく。

社会の動きが安定しており、そこに住む人びとの価値観に大きな違いがないときには、その価値観を受け入れて生活していれば平穏な毎日を過ごすことができる。しかし、現代社会は少子高齢化の進展、経済のグローバル化などの影響を受けて変動しており、人びとの価値観も画一的ではない。企業で働く者には、それらの要因も見過ごさない広い視野に立ったものの考え方が求められている。

これからの活動の場は、従来よりずっと広い。できるだけ広い視野を身につけよう。そのためには、日々の新聞、テレビやインターネットなどを通じて流れてくるニュースに関心を持ち、また、外国誌にも目を通す積極性を持ちたい。就職した企業のトップや上司が外国人で、英語が日常の共通語ということも珍しくない。外国人特有の人生観や価値観も理解しなければならなくなるのは当然だろう。

注意しなければならないのは、視野を広げるという大義名分に酔って足元がおろそかになることだ。わが国固有の歴史や文化なども、理解するように努めよう。「日本の伝統や文化とは何か」という自分なりの考え方が、これからの社会人には問われることになるだろう。

?

仕事以外に時間がとれず、学習の時間がない。

「自己形成」に必要な知識は日々学べ

一概に決めつけるわけにもいかないが、大多数のビジネスパーソンは、日中は会社に出かけていって働き、夜は家に帰って休むというパターンで生活している。昔から理想的な一日の時間配分は、八時間眠り、八時間働き、残りの八時間が食事、入浴、読書などの生活時間と言われていた。しかし、実際には、そうはいかないのが現実である。

たとえば、通勤時間がある。職住近接の恵まれた環境ならともかく、片道通勤一〜二時間というのも珍しくない生活環境では、通勤時間だけでかなりの時間がとられてしまう。実際に働く時間と合わせて、相当長時間を仕事のために費やさなければならないことになる。

近年の労働時間短縮の流れの中で減ってきつつあるとはいうものの、残業がまったくなくなったわけではないから、これも加えれば、一日の生活は、働くことと眠ることだけになってしまうような状況になるだろう。他に何かをしようと思えば、その分は睡眠時間を削るしかなくなってしまう。

このような現実の中で、ビジネスパーソンは生きていかなければならない。仕事が自分自身の一生に占めているウエイトは大きい。仕事に生き、仕事で悩み、仕事で成果をあげながら、人生を形づくっていくのである。まさに、ビジネスパーソンは仕事を通じて自己形成を行なっている、と言える。

この意味で、働く時間は、同時に自分自身の大切な教育時間と位置づけることができる。自分自身を教育しよう、能力を高めようと考え、時間があったらあれも勉強しよう、これもやってみようと考えたとしても、仕事を離れたあとでそのための時間をとることはむずかしい。休日になればほっとし、せっかくの休みなのだからゆっくり体を休めたいと考えるのは、人情というものだろう。

新人時代には、自分自身を磨く場は会社であり、職場で仕事をしているときだ、と割り切って考えたほうがよい。どのような社会人像を目指すとしても、仕事を通じてそれを実現できないか、とまず考えてみる。「意志あるところ、道は必ず開ける」という。

人生の重要な選択として、この会社への就職を決めたのであれば、それをとことん究めてみる姿勢を持ち、その過程で様々な可能性を求めて努力していくという実直さが大切だろう。仕事でよい成果を認められないようでは、人として信用もされないのが社会常識の一つである。

若いうちは職場こそ自分を磨く場所だと割り切り、仕事を通じて自分を鍛えよう。

1 2 3 4 5 6 7 8 9 10

常に「私なら」より「私たちなら」と考えよ

最近はやや変わってきているが、学校で教師が出す質問やテスト問題には、ほぼすべてに正解が用意されていた。正解のない問題はなかったと言っても過言ではないだろう。

社会人になれば、学校での教師の質問や定期的な試験からは解放される。しかし、問題そのものから解放されるかと言えば、それは違う。逆に、時期を選ばず問題を投げかけられることになるだろう。しかも、その問題には、正解が準備されているわけではないのだ。正解を求めても得られないことが多い、ということを肝に銘じておいてほしい。

正解がない問題を考えるときには、どうすればよいだろうか。一般的には、客観的な妥当性を基準として考えればよい。解答として選択できるものは、単数ではない。いくつかの選択肢の中から、客観的妥当性の最も高いものを選び、提出する。ときには、客観的妥当性の高さにより順位をつけて、複数の解答を提出することもある。

この正解のない問題の解答をどう出すかで、ビジネスパーソンとしての能力を量られたり、社会人としての成熟度を判断されたりしてしまう。問題自体の解決策だけではなく、同時に問題をどうとらえるか、どういう思考のプロセスで考えるか、どんな価値観を持っているか、なども観察されているのである。

人は、自分自身の中に主観的価値観を持っている。ものを考えるときには、当然に、この価値観を基に判断をくだすことになる。しかし、問題の解決にあたって、それだけでは他の人を納得させられるかどうかわからない。納得させようとする多くの人の多様な価値観も視野に入れ、広く納得性を持つ判断とは何かを追求することが大切になる。

とくに、ビジネスパーソンは会社組織に属し、その一員として仕事を行なっている。仕事を進めていく上で日常的に生じる様々な問題を解決していくためには、少なくとも、自分が属する組織のメンバーの主観的価値観を視野に入れて判断していくことが、最小限、必要とされるだろう。

仕事の結果が影響する範囲の大小によって、客観的妥当性のあり方も異なる。視野を広く持つ必要があるというのは、このような正解のない問題を考える際に役に立つからである。自己中心的な考えで問題を考えると、鋭く割り切った答えを得ることができる。自分としては満足できるだろう。しかし、他の人の満足を得ることはできない。鋭さには多少欠けても、多くの人の同意と納得を得られる解決が、組織では求められるものである。

1

社会では正解のない問題が多くあるが、広い視野で妥当な答えを考えてみよう。

物事の本質を見れば問題解決はできる

学校時代には、教師が問題を選んだ。そこには正しい答えがあり、それに合わせて的確に答えていけば、優秀な成績を得ることもできた。

社会人は、自立しているものとみなされる。問題を抱えたとしても、漫然と助けを待っている姿勢では、必要最小限しか手を差し伸べてはもらえない。うっかりしていると、問題を抱えたことにさえ気がつかず、知らず知らずのうちに思わぬ苦境に立たされてしまうことさえある。

周囲の人びとの目には〝いずれそうなる〟と見えていたことがあとでわかって、「なぜ、ひとこと言ってくれなかったのか」とそれらの人びとを責めてみても始まらない。「自立した社会人に余計なお節介をしてはいけない、と自重していたのだ」と平然と言われて、恥をかくのは自分自身である。

そのような苦境に立たないためには、問題が発生するのを待ってその都度対処するのではなく、積極的に先を読み、障害となりそうなものを取り除いていかなければならない。目標を持ち先を読む、将来を予測する――このような前向きの姿勢があってこそ、障害となるものの実体もつかむことができる。

通常、このような目標達成の障害となる要因を「問題」と言い、障害を取り除く、あるいは避ける、影響を小さいものとするなどの努力を「問題解決行動」と言う。問題解決の力があれば、社会人としては頼りにされるし、会社でも有能と言われるだろう。

どうすれば問題解決力を身につけることができるのだろうか。まず、問題がつかめなければ、それを解決する必要性を感じることはできない。周囲の動きを漫然と見ているだけでは、問題はつかめない。

何ごとであれ、自分のやろうとしていることに関連させて注意して見ていくことが、問題をつかむ早道である。どのような状況が望ましく、どのような状況となるのが望ましくないのか。このまま推移すればどうなると予想されるか。その場合、障害にぶつかるとすればどのようなことか。

常にこのような予測をし、障害を避けるにはどうすればよいか、避けられないとしたらどのような手を打ち影響を少なくするか、などのシミュレーションを頭の中で繰り返していく。

問題は、先取りしていかなければ大きくなり、解決しにくくもなる。積極的に問題を探し、解決の方策を考えていくようにすることが大切である。


問題を先読みし、シミュレーションを行ない、障害となりそうなものをあらかじめ取り除こう。

「他の人はすべて師」と考えてごらん

『宮本武蔵』『新平家物語』などの作品で有名な作家の吉川英治氏は「われ以外の人、皆わが師」という言葉を好んだという記事を、何かで読んだことがある。また、子どもたちの礼儀作法のしつけには相当、厳しかったというようなことも書かれていたと記憶している。

私は、吉川英治氏にお会いしたわけではない。しかし、この記事を読んだという事実は、長く記憶に留まって消えない。

なぜこの記事が記憶に残っているのかを考えてみると、私たちは、自立した社会人となるために常に肩ひじを張って生きなければならないような錯覚に陥りがちだが、決してそんな必要はないという教えを含んでいるからであろう。むしろ、自分以外の人はすべて師と考え、その言動から有形無形の教えを受けるという謙虚な姿勢が、社会人としての生き方を豊かなものとし、自分本位な身勝手な人間になるのを防いでくれることになるのだろうと思う。

他の人を師と考える――これを実践するためには、したたかな謙虚さが必要である。謙虚とは、相手を高く見て自分はへりくだることだ。相手を形だけ立てるというのではない。気持ちを込めて行動しなければ、本当の意味での謙虚とは言えない。水は低きに流れる。人の気持ちもそうだ。人は、謙虚な姿勢の人に対しては、その気持ちを無視してまで無理難題を持ち込むことはない。また、謙虚な姿勢で問いかければ、ほとんどの人は、きちんとした対応をしてくれるものである。

謙虚さは、主体性のなさにつながりやすい。他の人から謙虚に学ぶということは、決して他人に同調し同化して生きるということではない。自分自身の生き方はしっかりと持ち、さらに他の人の経験や識見からも学ぼうという積極的な意思の表現でなければならない。「したたかな謙虚さ」とあえて言う理由は、そこにある。他の人と積極的に触れ合い、そこから多くのものを学び、自分自身を豊かにしていってほしい。

同時に、自分自身も周りの人たちの師となれる存在を目指してほしい。他の人から得るばかりで周りに益をもたらさない人は、存在感が薄い人として、いずれは孤立の道を歩むことになるのである。自分から言わなくても、頼りになるものを感じさせるような何かを身につけていってほしい。

自分の生き方をしっかりと持ち、さらに他人の経験や識見からも積極的に学ぼう。!

「時間は有限」と思って行動しよう

大学の講義中の私語が、一種の社会問題となっていることは知っていると思う。むしろ、当事者として、その私語の渦の中にいたという経験者が多いかもしれない。

ここで、その是非善悪を議論しようとは思っていない。ただ、講義中に、教師が講義を続けることがむずかしいくらい、そこここで学生たちが私語をしているという情景を思い浮べてみたとき、その講義時間は教師や学生にとってどのような価値を持った時間なのだろうと考えさせられてしまう。もったいない話だと思うのだ。

大学の教師は、自分自身の研究の成果が学生にとっても有用であり、また、それを話すことを期待されていると思うから講義をする。しかし、学生たちは、欠席するでもなく教室に現われ出るが、講義を聞く意思はなく私語に没頭する。教師にとっても学生にとっても、何というムダな時間の過ごし方だろう。

学生にすれば、教師の研究成果などには興味がない。しかし、出席しなければ単位はもらえない。単位がもらえなければ卒業できない。学歴社会では、内容は別として、大学卒業という事実が重要だ。だから講義時間に出席はするが、同じ思いの学生と講義そっちのけで、個人的な興味の雑談をして過ごす。カフェなら誰にはばかることもなく話せるのに、教師の目があるから遠慮して小声で話している。そのうちに、教師の存在も気にならなくなり、雑談の声が大きくなっていく。ふと、気がつくと、教師が不愉快そうな顔をしてこちらをじっと見ている。お互いにいやな時間だなあ、と思っているのではないだろうか。

人間は、不老不死の存在ではない。人生八〇年時代と言われようが、九〇年時代がやってこようが、生きている限り死すべき運命を背負っている。一人ひとりに与えられた時間は、長い短いの違いはあっても、限りあるものだ。この限りある時間を有効に使えるかどうかで、社会人としての内容が決まってしまう。

人生の目標が決まっていないとき、決まっていてもそれに向けた努力を怠るとき、時間は無為に、むだに流れていくだろう。できるだけ、そのような無為な、ムダな時間を過ごさないようにすることが大切である。

長い人生と言っても、その実体は日々の積み重ねなのだ。一日一日の時間をうまく管理し、悔いのない時間を積み上げていくことが、充実した人生を過ごす秘訣なのである。

時間を有効に活用することが、充実した人生につながる。!

?

学ぶことが多くあり、何が大事なことかわからない。

人生設計図を描ければ後は何とかなる

地震や火事などの不意の災害に遭遇したときには、人はあわてて、妙な行動をとってしまうことがよくある。東日本大震災などでも〝役に立たないもの〟や〝どうでもいいもの〟を後生大事に抱えて飛び出し、もっと大切なものはなかったのかと後になって気づいた、などという話もあったようだ。また、放心して、どう逃げればよいかの判断もつかず、危険が迫ってきているのに座り込んだままでいた、というような話も聞く(今、こんなことを言えるのも、その人が逃げられたからで、命が助かって本当によかったと思う)。

落ち着いて考えれば、何が大事であり、何がそれほどでもないかの判断は容易である。また、どこへどうやって逃げれば安全かということも判断できよう。しかし、とっさの場合には、身近にあるものを手当たり次第につかんで飛び出すことになってしまうし、どう動けばよいかわからなくなってしまう。その結果、大切なものを失う悲哀に見舞われることになる。

落ち着いていられるのは、気持ちにゆとりがあるときである。気持ちにゆとりさえあれば、平常のように知恵も働くし、間違いのない行動もとれる。頭の中で、こうすればこうなる、だ

自分はどう生きたいかを意識し、落ちついて生活することでチャンスをつかむゆとりができる。

から……というように冷静に考えられれば、次の事態の展開にも心の備えができ、あわてないですむ。防災訓練などで、実際の危険はないが真剣さを要求されるのは、とっさの場合であっても意識せずに体が正しく動き、危険を避ける行動が的確にとれるように馴らしておくシミュレーションを積むためである。

ゆとりがなくなってしまうのは、先が読めないからだ。どうなってしまうのかが読めないときには、不安な気持ちになる。考えることすべてが最悪の状況をもたらすのではないかとおびえ、行動の選択ができなくなってしまう。

「自分はこう生きていきたい」という人生設計がきちんとできていれば、いざというときのものさしとなり、どう行動すればよいか、何が大切で何がそうでないかの判断がつきやすくなるだろう。"何が何だかよくわからない"からと、パニックに陥る危険がそれだけ少なくなる。仕事がうまくいかないからと自暴自棄になったり、人を恨んだりという状態に陥ることも避けられよう。とくに、今は変化が大きい時代である。生きる視点が不明確では、時代の波にのみ込まれ、翻弄されかねない。大きな波なら、うまく乗れれば飛躍につながっていくだろう。変化をチャンスと受容できるのも、気持ちのゆとりがあればこそである。

第2章

会社・組織人としての自覚

組織の一員としての客観性を磨く

会社の「儲け」と「役割」は対で考えよ

新聞、テレビなどを賑わす不祥事が起きるたびに、企業の社会的責任ということが言われる。自動車メーカーのリコール隠し、食中毒事件、食品表示偽装事件、ＩＴ企業の不正取引……。残念ながら企業の不祥事は、いつの世にもなくなることがない。しかし、企業は単なる利益追求体ではなく、社会に有益な組織として存在しなければならない。そのためには単に法を守るのではなく、法が定められた背景を汲み取った行動が必要だろう。

それぞれの企業には、創業から今に至る歴史がある。入社したとき、そのあらましは説明され、とくに創業の理念は十分に理解するように求められたことだろう。日ごろ身近に掲げられ、機会があれば繰り返し唱えられる社是・社訓も、その理念と無関係ではない。

大部分の企業は、社会のために役立つことを目指して設立されている。そして、その社会的に意義ある活動に対する報酬として、一定の利潤を得るのである。企業は、社会的役割を組織的に果たすものとして存在している。かつてのようにモノが不足している時代にあっては、大量に必要なモノを提供することにより、現代のようにモノが豊かな時代にあっては、消費者の好みに合わせて多様なモノを提供することにより、さらに今後は、質のよい情報を提供することによって、企業は社会的役割を果たし続けるに違いない。

企業の一員となったら、まず、このことをしっかりと心に刻む必要があるだろう。単に会社の利益を上げるためだけに働くのではない。企業の活動を通じて、企業の一員として、一定の社会的役割を果たしていく。このような広い視野を持って働くのでなければ、ただ会社の言うがままに働くロボットのような存在になりかねない。

かつて、ある会社が強引な手法でお年寄りや家庭の主婦などから金を集め、倒産して社会的に大きな損失を与えたことがあった。当時、その会社の社員はかなりの高給をとり、経営者の号令のままに強引な勧誘を続けていたという。彼らは、その会社の社会的役割をどのように考えていたのだろうか。少しでも疑問を持つことはなかったのだろうか。

会社の利益が上がりさえすればよいと考えていたのだろうか。経営者は、社員同士が社外で仕事の内容を話し合うことを厳しく禁じていたとも聞く。社員たちが、会社の社会的役割に目覚めるのが怖かったのだろう。

仕事熱心な社員にはなっても、会社のいいなりになるロボットになってはならないだろう。

たとえ不祥事でも情報開示せよ

数年前のことだが、ある家電メーカーが、テレビや折り込み広告（現在もホームページで案内を続けている）などで、過去に販売したＦＦ式石油温風機の回収と点検のため、該当機種を使用している家庭は申し出るようお願いする旨のお知らせをしていた。その不具合が構造的なものであるとともに、事故により死亡した購入者があったことから始めたキャンペーンである。

過去に売った該当機種の数はおそらく膨大なものであり、そのすべてを回収したり部品を取り替えるには大変な労力と経費が必要になることは想像に難くない。しかし、企業は、死亡事故の記憶が薄れてきてからも、そのお知らせを続けていた。そこには、企業が社会的責任を果たそうとする強い姿勢が感じられる。

メーカーは、販売店と取り引きする。販売店は、顧客と取り引きする。この流通構図からは、メーカーが多大の労力と経費をかけて直接顧客向けの継続的なキャンペーンを行なう立場にはないように見える。

しかし、顧客から見れば、製品の欠陥は製造過程の誤りに起因するものであり、メーカーのミスであると考える。会社の信用問題だとしてそのミスを隠そうとすれば、企業はかえって信用を失い、大きなダメージを受けることになる。速やかな事故への反省と謝罪、同種事故防止のための製品の点検と回収のキャンペーンは、その家電メーカーの信用を守り、社会的な義務を果たしたものと評価されている。

企業は利益を追求しつつ社会に貢献する存在である。したがって、利益を損ねるような情報をできるだけ秘匿してしまうことや、利益をより多く上げるために定められた基準を犯すことも起きやすい。前者は食品中毒事件などの際の企業の対応に見られ、後者は耐震強度の数値偽装事件などに現れている。その被害は社会の広い範囲に及ぶ。企業の独善的な行動は、社会全体に不安と損失を与えかねないのである。

したがって、企業には社会の一員としての責任の自覚とこれに基づく行動が求められる。不祥事などに関する速やかな情報開示と対応行動が求められるのもそのためであり、企業のコンプライアンスが強調されるのもそのためである。

情報開示への取り組みとコンプライアンスの重視は別物ではない。企業の社会的責任を支える車の両輪のようなものだ。社会的規範を重視する企業には、その活動に関する情報を公開することをためらう理由はないのである。

不安と損失を大きくさせないためには、率直な情報開示が常に必要。!

会社の品格は個人情報の扱い方にでる

五年ごとに行なわれる国勢調査の調査票回収が困難になっている、との報道がある。調査票に記入すべき内容は個人情報だから調査に協力できない、という理由で提出を拒否する人が多いのだという。国勢調査は国の施策を考える際の重要な基礎データの一つであり、統計法に基づいて行なわれているものである。個人情報保護法による保護の対象からも除かれている。

誤った認識のもとに調査に協力できないとする人がこのまま増え続けては、いずれ国政の運営にも、支障を生じかねない大きな問題となってくることだろう。

きちんとした法の裏付けがある国勢調査についてさえ、人びとの間には抵抗感がある。それだけ、個人に関する情報を守りたいという人びとの思いは強い、と言ってよい。その原因は、直接には詐欺やその他の犯罪行為に住民票などの情報が利用されたというようなことがあるが、企業の営業活動に様々な手段で集められた個人情報が使われたことへの反発もあったのではないだろうか。

ところで、携帯電話の申し込みや生命保険の加入の際に申告した個人情報が他の目的に使わ

ビジネスに欠かせない情報でも、個人の情報に当たるものは流出に十分配慮しよう。

れたり、企業の情報管理がずさんであったために外部に漏洩し、不正に使われるという事件が続いたのは記憶に新しい。個人情報保護法は、こうした事件を発生させないために、情報の管理や利用の面を厳格に規制しようと制定されたものだ。

情報社会と言われるように、社会には様々な情報が飛びかっている。ビジネスパーソンはその中から必要な情報を選び、企業活動に活用していかなければならない。情報を多く持ち、企業活動に活かせる力を持つ者が、ビジネスパーソンとして大成する。これは、これまでもこれからも変わらない真理である。しかし、個人情報にあたるものについては、その取り扱いに十分注意する必要がある。

最近では、小型パソコンや携帯情報端末、USBメモリといったコンパクトな媒体で大容量のデータを扱えるようになり、情報の持ち運びが容易になったこともデータの紛失や漏洩を起きやすくしている。このような状況にも注意が肝要である。

保険会社などの個人情報を扱う企業は、個人情報保護法の制定をうけ、会社としての個人情報の取り扱いに関する基本的な考え方や基準を定めている。その他の企業に働くビジネスパーソンにとっても、その姿勢は必要である。社内規程などを研究することを怠らないようにしたい。

公開情報と機密情報を嗅ぎわけよ

青色発光ダイオードの発明者が、発明時に勤務していた企業を相手どり、発明報酬をそれにより得られた企業利益に応じて支払うよう訴えを起こしたできごとは、今でも忘れることができない。それぐらい常識を覆す高額の報酬を支払うようにとの判決がおりたからだ。訴えられた企業側の主張は、発明者は社員として職務上発明を行なったもので、社内規定により既に功労金も支払っているから、発明の権利は企業に帰属する、というようなものだったと思う。

判決に対しては、日本の多くの企業はいまだに社員を定年まで安定的に雇用する形態をとっているのだから、大きなリスクを抱えており、判決はその事情を考慮していないという意見と、外国に比べて日本の企業は遅れている、そこに一石を投じた先進的な判決だ、という相反する見解が述べられていた。

新しい技術の開発を目指して活動する企業にとっては、大きな利益をもたらしてくれる発明や発見は誇るべき成果である。しかも、その活動は企業間の競争関係の中で行なわれており、油断すれば他社に先を越され、それまでの努力と投資が一挙にムダになってしまう。

したがって、その活動は、成果が出るまでは厳重な機密保持の中で行なわれなければならない。研究や開発にたずさわる社員は、その間、神経をすり減らす思いをすることだろう。だから、大きな成果が出たときに酬われるものがそれほどないとするならば、社員が会社に対する不満を抱いても不思議ではないのかもしれない。

このような不満を敏感に受け止めて、個人的な取引を持ちかけるような産業スパイ事件などのスキャンダルが話題となることも多い。

自由競争を原則とする社会では、他企業はすべて競争相手である。企業は常に競争相手より一歩先んじることで継続的に存在している。このような構図の中では、競争相手に関する情報は大きな価値を持つ。

逆に言えば、企業は自社の存亡にかかわる情報に関しては厳格に管理して外部、特に競争企業には知られないようにしている。企業に入ったら、何が公開情報であり何が機密情報なのか、よく見きわめて自分自身の中で整理しておく必要がある。

希望する企業に入ることができ張り切って活動を始めた新人が、明るく高揚した気分で、他企業に就職した友人と歓談する機会があるかもしれない。その際にも、もしかすると友人の就職先企業と自社は競争関係にあるかもしれない、と考える節度も求められよう。

自社の存亡に関わる情報に関しては厳格に管理しよう。

個人の力は小さくても組織の力は大きい

企業の一員となることは、会社組織のメンバーとなり、その活動の一端を担うことを意味している。したがって「組織」についても、ある程度の理解を持つことが必要である。

組織とは、多数の人が共通の目的を持って集まり、それぞれの役割を果たすことによって、効率よく目的を実現しようとするシステムである。個人的には限界がある活動も、組織というシステムで行なうことによって容易に実現することができる。

どのような組織にも共通すると考えられる特徴をあげてみると、次のとおりである。

組織は人の集まりである　組織は大勢の人の力を集約して、個人では実現できないような大きな目的を実現しようとするシステムである。

組織には活動の目的がある　組織に属する人びとは、共通する活動の目的を持っている。企業で言えば、それは会社の設立目的であり、定款を見ればその内容がわかる。メンバーは常に活動の目的を見失わないでいることが大切であり、折りにふれてこれを確認していく心構えが求められる。

メンバーは役割を分担している

組織が効率的に活動するために、メンバーは一定の役割を分担する。分担の形は通常、総務、経理、営業、研究・開発、資材管理、検査などの専門分野による分担と社長、部長、課長、係長などの意思決定の責任による分担の両面から行なわれている。

近年の役割分担の形の特徴として、専門分野や意思決定の責任の両面について、厳密に分担範囲を定めないという点がある。メンバーが自分の守備範囲にあまりこだわらず、流動的に活動したり、意思決定することにより組織としての活動を活性化させ、速やかに状況の変化に対応しようとする工夫の表われである。

メンバーの活動は調整されている

組織のメンバーがそれぞれ持つ力を精一杯発揮して活動したとしても、その動きがバラバラでは、全体として大きな力にならない。組織全体として大きな力を効果的に発揮できるように、それぞれの活動の時期や活動のしかたが調整されているのも特徴の一つである。

このため、組織では個別の動きを調整するための指揮命令系統が明らかにされており、また全体の動きを調整するためには、各種の連絡会議などの組織的なコミュニケーションのしくみがつくられている。

組織とは、目的を持ち集まった人が役割を果たすことで、効率的に目的を実現するシステム。

一部分の仕事にしか、かかわることができないの?

「会社」と「自分」のためになる夢を探せ

入社時の新入社員研修終了と同時に、総務部人事課厚生係や営業部営業第一課などの部課に配属される。もしかすると、そのような漢字だらけの堅苦しい名前ではないかもしれない。

かつてはどの企業にも、部、課、係などの名前を持つ組織があったが、次第に係は姿を消し、今では課や部の名称も消えようとしている。代わって「○○グループ」や「○○センター」などのようなカタカナ表示のセクションが増えてきた。それにともなって、役職の名前も課長や係長とは言わず、主席部員やマネジャーなどと変わってきている。

どのような形に変わっても、それらは組織の一部である。社員は、組織の中のある位置に置かれることになる。会社の組織図をよく見て、自分が会社全体の中でどこに位置しているかをまず確認しよう。次に、事務分担表などを読み、自分が所属するセクションはどのような仕事を受け持っているのか、他のセクションとの関係はどうなっているのかなどを確認しよう。

これら会社の部分としてのセクションが、それぞれ受け持つ仕事を円滑に進めていくことによって、会社の目的は実現することになる。会社の目的や全体の活動規模は大きいが、それぞれのセクションが具体的な活動目標を持ち、これを着実に達成して積み上げていくことで総体としての大きな活動力が得られるのである。

大きな企業であればあるほど、多数のセクションに分かれ、大勢の人びとが働いている。そんな環境を意識してしまうと、自分の存在が小さなものに感じられ、社会人となった感激も夢もしぼんでしまうかもしれない。しかし、会社のためだけに自分があるのではない。自分が自分自身の夢の実現のために会社を選び、入社したとも考えられるだろう。

自分のための会社でもある。周囲の大勢の人びとは、同じ夢を持ち、それを実現させようと考えている同志と言ってよい。会社組織が大きければ大きいほど実現できる夢も大きいと考えて、力いっぱい活躍してほしいものだ。

志さえあれば、活躍の場は限りなく与えられる。企業環境の変化に応じて、企業は新たな事業分野を模索している。企業の中で新しい事業を企画することが奨励され、「企業内起業家」も推奨されるようになった。

会社の持つ大きな事業と自分が行なってみたい夢の事業の両面を追求する、スケールの大きいビジネスパーソンを目指してほしい。

自分を企業活動の歯車と卑下せず、自分の夢のために会社を活用しよう。

「会社の個性」は組織図から読み取れる

どのような組織も、その目的を効率よく実現するという基本に沿って組み立てられている。目的自体はそれぞれの組織で異なっているとはいえ、効率よい活動という点については共通するものがあり、次のような点を中心として組み立てられていることに留意して見てみると理解しやすい。自分の会社だけでなく、取引先企業のアウトラインもつかみやすくなり、仕事もスムーズに運ぶだろう。

仕事の専門分野による　製造、購買、営業、経営管理などの専門分野ごとに、担当する人びとの集団をつくる。部や課の名前は、この専門分野を表わすようにつけられていることが多い。ただし、最近の傾向としては、専門分野の再編や流動化の動きが見られ、名前のつけ方にも様々な工夫が行なわれるようになり、単純ではなくなってきている。

仕事の責任による　仕事の専門分野による組織が縦割りの組織とすれば、仕事の責任による組織は横割りの組織と言える。最高意思決定、部門別意思決定、実行計画に関する意

組織は、目的を効率よく実現するという基本に沿って組み立てられている。

「会社組織」のアウトラインを知る

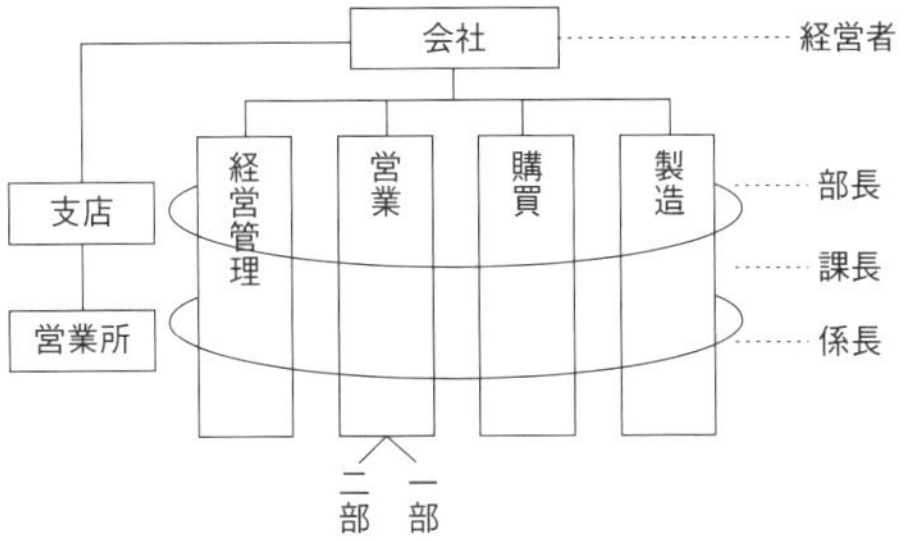

思決定、具体的活動に関する意思決定など、組織的な活動には様々なレベルの意思決定が必要である。

通常これらは、経営層、部長層、課長層、係長層などの職務階層ごとの人びとによって行なわれている。

それぞれの層の人びとは、それぞれの層に見合う決定権限を持ち、その決定について実行責任を負う。

責任の限界による　仕事の質は同じであっても、一人の人が負える責任には限界があるから、それを超えた場合には複数の人に担当させることがある。営業第一部、人事第二課などのように、組織の名前に番号が付されることもある。

地域的制約による　広い地域にわたる企業活動を一元的にコントロールするのはむずかしい。瞬時の意思決定ができなくては、企業にとって損失が大きい。

そこで、地域を限って支社、支店、営業所などを置き、一定の地域的問題に対処しようとすることが一般的である。

肩書は「社歴」より「能力」についてくる

すでに述べたように、組織の構造は、本社と支社・営業所というように地域的な制約から区分されているとともに、専門分野別に縦割りの、権限と責任のレベル別に横割りの区分が行なわれ、有機的な組織活動を展開することができるように工夫されている。

この横割りの区分は、役職階層とも言われ、定年までの安定雇用を前提とする雇用形態では、社員の昇進管理のあり方とも関連して独特の機能を持ち、理解しにくい側面も持っている。

単純に考えれば、役職階層は権限と責任の段階であり、それぞれのレベルにふさわしい管理能力を持った人が配置されて、組織活動をコントロールしていけばよいはずである。しかし、従来この点はそれほど厳格に考えられなかったきらいがあった。

多くの企業では一定の経験を積んだ社員は、課長や部長に登用しなければ社員の士気に影響する。あるいは、同業の他社と比較して処遇が悪いという評判が立ち企業イメージが低下して、優秀な人材が得られなくなるおそれがあるなどの理由から、管理職としての能力の有無に加えて在職年数を重視した昇進管理が行なわれてきた。この結果、実質的な決定権限も責任も希薄であるが、課長並みあるいは部長並みといったいわゆる待遇職が多くの企業に出現した。一般に、年功序列人事と呼ばれる管理手法である。

最近の厳しい企業環境の変化は、このような役職段階と管理能力のミスマッチを許さなくなってきている。能力主義による昇進管理が進むとともに、組織的には実質的な決定権限や責任を明確にし、不明確なポストを廃止したり、部や課の名称を廃止してしまったりという動きが活発である。管理能力に疑問がある部長クラスの社員に対して「出社に及ばない」と宣言する企業も出てきた。

肩書は、社内での地位を表わすにすぎない。しかし、社会的な人物評価の目安になっているのも事実である。肩書と内容が見合っていれば混乱は起きないが、ズレていると混乱の原因になる。これからは、肩書は能力についてくると冷静に見る姿勢が必要である。

企業が組織活動を続けていくかぎりは、実務に精通し、管理能力も併せ持ったすぐれた社員を求めていることに違いはない。管理職ポストの整理や昇進管理見直しなどの動きに一喜一憂することなく、若い時期から、実務と組織管理の両面にわたる自己啓発活動を志し、将来に備えてほしい。

役職に見合った実務能力と組織管理の能力を身につけよう。!

簡単な仕事ばかりでやりがいがない。

「仕事のノウハウ」は雑用の中にある

会社の組織や役職階層の概要は、大体のみこめてきたと思う。新入社員は、入社した会社の組織のいずれかに配置され、企業活動に参画することになる。しかし、最初は責任の軽い雑用のような仕事や、自分で判断する余地のほとんどないような仕事が多いことだろう。

このような仕事の連続に嫌気がさし、会社を辞めてしまおうかと悩む人も多い。「優秀な人材を求む」の声に応じ、大きな夢と希望を持って、やる気まんまんで入社してみたら、雑用や判断の余地のない仕事ばかりだったというのでは、会社の選択や入社した意義にも疑問が出ようというものだ。ゴールデン・ウイークが終わるころに見られる「五月病」は、たいてい夢と現実のギャップが原因である。

焦る必要はない。会社は新入社員の〝将来〟の可能性にも目を向けているのだ。雑用には、意外に多くの人が関与し、幅の広い情報が含まれていることが多い。まずは、雑用をしっかり処理しながら、そこに含まれる様々な情報を身につけていこう。判断の余地が小さければ結果責任もそれだけ軽いわけだから、判断とその結果の関連を冷静に見る訓練をすることによって、自分自身の判断力の向上につなげればよい。

「雑草」は昆虫やクモ、小鳥が身をかくしたり、生活するための大切な場所を提供している点で役割がある。それと同様に、「雑用」と言われる仕事の一つひとつにも、それを行なう必要性と組織活動としての意義はあるのである。

大切なことは、会社にはやってもやらなくてもよい仕事などはないという事実だ。仕事である以上、そこには企業活動としての必要性がある。それを早くつかんで、意味のある結果として仕上げていく。上司の意図を的確につかみ、自分の考えをぶつけ、よりよい結果を目指す。

与えられた仕事を常に会社全体の動きと関連づけ、関係のある部課の動きや担当者の話に耳を傾ける。得た情報は、上司にきちんと報告する。このような姿勢で取り組むなら、雑用といえども自分にとって意味あるものとなり、判断の余地のあるなしも気にはならなくなるだろう。

ビジネスパーソンとしての成長は、自分で責任を持って図るべきである。育ててくれるのを待つという消極的な姿勢では、成長はおぼつかない。上司や先輩は、気概を持つ新入社員には、惜しみなく自分の持つ仕事上の知識や経験を披瀝し、支援してくれるものである。


どんな仕事でも企業活動として必要性がある。!

第3章

職場の人間関係

仕事を好転させる調和力を磨く

「感情」より「成果」で他の人を評価せよ

採用後、実際にまだ仕事に就いていない新入社員に対して、「今、不安に感じていることは何か」というアンケートがよく行なわれる。いくつかの結果を見てみると、「仕事をうまくやれるだろうか」という実務能力についての不安とともに、「職場の人たちとうまくやっていけるだろうか」という人間関係についての不安が上位を占めているのが例である。

学業を終え、実務経験を持たずに働こうというのであるから、仕事がうまくやれるだろうかという不安は当然である。しかし、子ども時代から多様な経験をしてきたはずの人間関係についての不安も大きい。これまでの学校生活を通じて、人間関係はむずかしいものだということを身をもって感じてきた、ということだろうか。

会社は一つの組織である。そして、組織は目的を共有する人の集団である。実際の仕事を行なう場である職場も、組織の一部であり、何人かの人で構成されている。職場は一面において、人間関係の場なのである。新入社員は、新しくその場に入っていくことになる。そこにすでにいる人たちは、仕事に精通し経験を積んでいるベテランの先輩であり、そのようなベテランの人たちと協力し合ってうまくやっていけるだろうかという不安が、先のアンケートの二つの回答となったと思われる。

職場の人間関係に不安を持つのは、新入社員だけとは限らない。組織では、定期的に、あるいは突然に人事異動が行なわれ、馴れた居心地のよい職場から新しい職場へと環境が変わることがある。職場が変われば、新しい人間関係が形成されることになる。果たしてうまくやっていけるだろうかという不安は、社会経験のあるなしに関係なく、誰もが感じるものなのである。

職場には、様々な個性を持った人がいる。新入社員は与えられた役割を果たしていくために、まず、その個性を持つ職場の人たちとの間に協力関係を築かなければならない。職場では、人に関する好き嫌いは二の次にして、成果をあげる努力をしていかなければならない。

人は機械ではないから感情を持ち、それが人間関係の善し悪しに影響し、ひいては協力関係にも響いてしまう。職場でよい人間関係を形成するには、自分自身の感情をコントロールし、仕事の成果を基準に割り切っていかなければならない。人間関係はチームワークの基盤であるが、努力しなければよい人間関係を維持することはできない。

3 仕事の成果をあげるために、自ら努力して協力関係を築こう。!

職場の人が新入社員に期待しているものとは?

新人に望まれるのは「能力」より「人柄」

新入社員にとって、職場の人間関係の出発点は上司との関係である。職場といっても規模は様々で、大きな職場だと人数も多く、また、上司も主任、係長、班長、課長、次長、所長などといった階層をなして何人かいることもあるし、少人数の職場で、上司という立場の人は一人だけという場合もある。

上司は自分に対して職務上の指示・命令を与え、その実施過程を監督し、結果について評価する。昇給やボーナスの査定についての権限も持っている。いわば、怖い存在だ。このように意識してしまうと、必要以上に自分を有能に見せたり、へりくだろうとしてしまいがちになる。しかし、そのような態度は不自然であるから、すぐに化けの皮がはがれてしまうだろう。

上司が新入社員のどこに注目しているかを知っておくとよい。一般的には、仕事に対する熱意や向上意欲であり、また、人柄である。わかりやすく言えば、上司が指示・命令する仕事を完全になし遂げようと努力するかどうか、困難な仕事だと感じても、尻込みせず、積極的に引き受けようとする意欲があるかどうか、職場の人たちと協力し合い、チームワークを維持していけるかどうか、ということである。このような点が当面は重要であり、仕事を処理する能力については追い追い指導して伸ばしていこうと考えているものである。力む必要はなく、自然体で上司の言葉をよく理解しようとすることが大切である。

次に、同僚との関係である。同僚についても上司の場合と同様、職場の規模が大きくて、いくつかの班、係などのグループに分かれており、自分が所属するグループの同僚と、その他の同僚の別がある場合と、職場の環境の規模が小さくて、そのような区別がない場合がある。

いずれの場合においても、同じ職場の同僚として協力していかなければならないが、特に同じグループの同僚とは、近い仲間としてよい人間関係を築き、維持するように努めなければならない。

新人の立場としては、その職場の先輩に敬意を払い、仕事の細部について謙虚に教えをこい、仕事上の知識や技術を早く身につけるようにしていく姿勢が大切である。

ただし、人間関係の軸は、あくまでもよい仕事の成果をあげることに置かなければならない。必要以上に親しくなろうとする必要はなく、先輩間の感情的な対立や主導権争いに巻き込まれるなどの事態は避けていかなければならない。その見きわめも大切だ。

上司や先輩には敬意を払い、謙虚に教えをこい、仕事上の知識や技術を早く身につけよう。

職場では皆と親しくつきあわなければならないの?

「気が合う」より「成果が出る」関係を築け

「人」という字は二人の人が互いに支え合っている形からできている、とよく説明される。人は、単独では生きられない。また、協力し合う存在である。もしも、このように支え合い、協力し合うことが人の本性ならば、自然のままに放置しておけばよい。〝人間関係はいかにあるべきか〟などと堅苦しく説明するまでもない。

しかし、職場の人間関係というテーマには、どこの組織も関心を持っている。なぜだろう。それは、職場の人間関係は自然に形成される一般の人間関係とは異なり、仕事を中心とする「つくられた人間関係」だからである。

通常の人間関係は、人と人との感情を中心とした共感を軸として、自然発生的に形成される。俗に言う「気が合う、合わない」の関係である。ある人と付き合おうとするのも自由なら、ある時点から付き合わないこととするのも自由である。

気が合えば、相手の家に入りびたり、家族同様の付き合いをすることさえ可能である。付き合いの範囲、その濃淡は相手との波長の合い具合によって、自由に選択することができる。

職場の人間関係は、基本的に仕事の円滑な遂行を軸として形成されている。それぞれの人たちの感情よりも、仕事に関する能力の組み合わせが重視される。職場に配属する際に希望や意見を聞くことは聞くが、それが一〇〇％受け入れられることはなく、あくまでも、参考にされるにすぎない。

したがって、職場の人たちとの通常感覚での人間関係を求めても、実現する可能性は薄い。もちろん、実現するなら、それに越したことはない。このことを理解しておかないと、〝職場の人間関係がうまくいかない〟ということで、社会人としての最初の挫折を味わうことになってしまう。職場では、まず仕事の目標を達成することが最も重要であり、自分はそのためのチームの一員であると自覚することが大切である。最初は仕事中心に漠然とした人間関係を築くように行動し、仕事上の共通の役割を通した関係を強めていき、その中で個別の人間関係を築いていくようにするとよい。

職場の人間関係には二面性がある。仕事の成果をあげるためのチームの一員ということが表側であり、この面からは人間的な好き嫌いで行動することは許されない。それが嫌なら、会社を辞めるしかない。人間としての自然な感情という側面は、裏側なのである。

職場の人間関係は仕事の円滑な進行に重要と割り切り、好き嫌いにとらわれないこと。

きちんと出社さえすれば評価につながるの？

プロ意識で結びつくチームであれ

かつての高度成長期は、日本経済の成長率が年一〇％を超えていた。会社は活気にあふれ、倒産の心配などなく成長し続けていた。そのため、サラリーマンが飲みすぎで二日酔いのはっきりしない頭を抱えてでも、時間通りに出勤していればクビになることはない、〝休まず、遅れず、働かず〟が丈夫で長持ちするサラリーマンとしての秘訣だという冗談が通じる、そんな鷹揚さが世の中にあった。それは大企業に入社さえすれば、あとは自然に昇進・昇格していくものと、誰もが疑わなかった平和な時代だったからだろう。

このようなイメージは、現在のような厳しい企業環境の中では、もはや通用しない。〝休まず、遅れず、働かず〟の、規則には忠実だが内容をともなわない「サラリーマン根性」では、一日たりとも勤まらない。

第一、「サラリーマン」という言葉は給料をもらって働く人という意味だが、消極的で受け身のイメージが強い。今では、この言葉自体が死語になりつつある。代わって、行動するイメージが強い「ビジネスパーソン」という言葉が用いられている。

しかし、言葉を変えてみても実態が変わらなければ、「サラリーマン」根性が「ビジネスパーソン」根性になるだけのことである。ビジネスパーソンが目指すべきは、その名にふさわしい実態を備えること、それぞれの仕事の分野におけるプロとなることであろう。

プロ（プロフェッショナル）と言われる人たちは、仕事に精通し、仕事の結果に誇りを持っている。職場でのビジネスは、チームワークであるから、自分の仕事の結果がどれであるかがよく見えず、誇りも持ちにくいしくみになっているが、それでも自分の活動に誇りを持つ。それがプロというものである。

職場でともに働く人びとは、上司と部下、先輩と後輩という違いはあっても、それぞれが給料をもらいながら働いている社会人である。誇りを持って働き報酬を得る人はまさしくプロと言えよう。自分も早くプロとなるようにがんばること。そして、周囲の先輩や上司もプロとして見、敬意を持って接すること。周囲の人々への敬意はいずれ自分への敬意を呼ぶだろう。

力のあるプロは昔から気むずかしいものと決まっている。そう割り切って付き合えば、感情的な対立も起きにくくなる。お互いのそのような気持ちが、仕事中心のチームである職場でよい人間関係を築く早道とも言えよう。

仕事に精通したプロとして先輩や上司を敬いつつ、自分も敬われるようなプロを目指そう。！

新人もれっきとしたチームの一員だ

職場には上司がいて、仕事の内容や進め方について様々な指示や命令をする。部下は、それにしたがって活動し、仕事の成果をあげていく。このようなしくみの中で、部下が一所懸命に働いても思うような成果があがらなかったら、いったい誰が悪いのだろうか。

成果があがらない責任は、もちろん上司に課せられる。上司は、組織上、部下の活動の企画者であり、実施中の監督者であるとともに、結果についての責任者でもあるからである。しかし、〝本当に誰が悪かったのか〟とさらに突っ込んで問われれば、その仕事に関わったすべての人が多かれ少なかれ悪いと言えよう。

部下は、上司の指示・命令のとおりに活動したとしても、〝だからまったく責任はない〟とは言えない。もっとよい成果が出ると思われる考え方や方法があったのなら、その場で上司に意見を述べ、考え直してもらうべきだ。自分でよく考えもせずに上司の指示・命令に従ったとすれば、ともに責任を問われてもしかたがないのである。

ビジネスパーソンは、部下の立場であっても担当する仕事について考え、工夫し、最善と考える行動をとっていかなければならない。上司一人が考えればよいというものではないのである。仕事に関しては互いにプロであり、上司、部下という関係は、たまたまの役割の違いにすぎない。たとえば、ある職場に長く働いている部下は、他の職場から異動してきたばかりの上司よりもその職場の事情に通じており、仕事の内容についてもくわしいということもよく見られることである。

見方を変えれば、上司が最終的に責任を負う立場で指示・命令するとは言っても、仕事についてはそれにかかわる人たち全員で、最善と考える方法を検討していくのが望ましいのである。新入社員といえども、チームの一員と認められた存在である。責任を持って仕事について考えることを期待されている。担当とされた仕事については、いかにしたら成果があがるのか、もっとよい方法はないかということを常に考えていかなければならない。

たとえば情報機器の活用については、学生時代から慣れ親しんできた新人の方がくわしいかもしれない。上司や先輩に言われなくとも、それらについてさらに着実に研究していくことである。そしてわからないことは、職場でくわしいと思われる人に積極的に教えてもらうことだ。互いに補い合って一人前のビジネスパーソンに成長していく過程、それが相互啓発である。

人脈は「つくる」ではなく「つくられる」

昼のあるテレビの番組の中に「テレフォン・ショッキング」といって、毎日一人のゲストが登場し、ホストと二〇分ほどのおしゃべりをするコーナーがある。おもしろいのは次の日のゲストの決め方で、もちろん事前に当事者間でしっかり打ち合わせができているはずだが、その日のゲストが自分の交遊範囲の中から選んで指名し、その場で相手に電話をかけて、次の日の都合を聞くスタイルをとっていることだ。

その日のゲストの交友関係次第で予想外のゲストにつながっていくところがうけているのだろう。もうずいぶん長い間続いており、確か当初は、「友だちの友だちは、皆、友だちだ。世界に拡げよう、友だちの輪」というキャッチフレーズがあったと思うが、これはいつの頃からか聞かなくなってしまった。

新入社員が配属された職場における人間関係は、ビジネスパーソンとしての人間関係全体として見ればごく一部にすぎない。しかし、一部ではあっても中核となるものである。日ごろから、きちんとした関係を築いていくことが必要であることは言うまでもない。

オフィスを大きく見れば、採用された会社の全体が含まれよう。大企業ともなれば全国的に支社・支店網があるから、その職場は全国規模の広がりを持っているとも言えるし、外国の主要都市に進出していれば、世界規模の職場だとも言えよう。同じ会社に働く人たちは、広い意味での先輩であり同僚である。自分の配属された職場だけでなく、次第に目を周りに転じ、人間関係の幅を拡げていくことが大切である。意識して無理に拡げようとしなくてもよい。担当する仕事を責任を持って処理していけば、自然に多くの人たちと関わっていくものだ。

ビジネスには、相手がいる。関係会社や取り引き先もあれば、様々な手続きの関係で官公庁の担当者とも関わっていくことになる。これらの人たちとも濃淡はあるが一定の人間関係を築いていくことになる。

よい人間関係が築ければよい仕事の成果に結びついていくことは、会社の中でも外でも変わりがない。自分が信頼できる相手なら上司や同僚にも引き合わせていくだろうし、相手が自分を信用してくれれば、同じように周辺の人にも紹介してくれることだろう。

芯になるしっかりした人間関係さえ築いていけば、人間関係の輪は限りなく拡がり、大きな成果につながっていく可能性を持っている。

担当する仕事を通じて多くの人とのかかわりを大切にしよう。

好き嫌いで失うものは意外に大きい

「人間は感情の動物である」と言われている。人間関係においてはこの感情が大きな役割を果たしたり、障害になったりする。営業担当者の一所懸命な気持ちが気に入ったから相手がその会社の製品のファンになった、というような場合は、感情が仕事の成果に役立ったことになるし、逆に、何気ない不用意なひとことのために相手に激怒されて取引を断わられた、というような場合は、感情が障害になったということになる。理屈で考えれば取るに足りないようなことでも思わぬ結果をもたらすところに、感情の問題の複雑さがある。

よい人間関係を築き、維持していこうとすれば、人間関係は何によって損なわれるかを知っておき、それを避けて行動しなければならないだろう。そのようないくつかの要因をあげてみよう。

人間の好き嫌いが激しい　人の好き嫌いは誰にでもあるが、その度合いが大きいと人間関係に響くことになる。「第一印象がよくない、何となく虫が好かない、趣味が悪い、も

人の感情が仕事の役に立つときもあれば、障害となるときもあることを知ろう。

の言い方が気に入らない……」このような否定的な見方が積み重なり、相手を意識的に避けるようになってしまう場合である。

相手も自分と同じように考え行動すると思い込む 気が合うと思っていた相手が、突然、自分とまったく反対の意見を述べたときなどに、裏切られたという思いとともに憎しみの感情が起き、以後、口もききたくない、相手にしたくないなどの否定的な行動をとってしまう場合である。

相手の立場を軽視する「営業が会社の本流であり他の部課はそれを支える立場なのだから、他の部門は営業の都合に合わせるべきだ」というように、自分の立場のみが重要であるとして相手の立場を軽視するような行動をとってしまう場合である。相手から見れば一人よがりで鼻持ちならない態度と映り、協力する気持ちを失わせてしまう。

利害計算がはっきりしている「自分にとって利益があるなら同調するが、なければ反対する」というように、個人的な利害打算によって行動するように見られてしまう場合も警戒され、人は離れていく。

行動しない 他人の一所懸命な行動を批判したり、もっともらしい理屈は言うが、決断もせず行動もしない。有言不実行のタイプで信用されない。

でしゃばるのはよくない？

新人だってリーダーシップはとれる

職場には多くの上司や先輩がおり、部下を指揮・監督したり、指導したり、仕事の遂行に責任を持ったりしている。上司や先輩にはリーダーとしての務めがあり、リーダーシップを発揮することも期待されている。新入社員は、上司や先輩と違って社会経験もなく、すぐに役職に就くわけでもないから、余計なことは考えずに言われたことだけをしっかりやろう、などと考えがちである。しかし、あえて言えば、新入社員といえどもリーダーシップを発揮できる場を見い出し、積極的に行動することをお勧めしたい。

リーダーシップは管理者にのみ求められる能力と考えられがちだが、その言葉の意味は「ある集団の中で、その集団が持つ共通の目標の達成に向けて他のメンバーに与えるリーダーの影響力」である。職場集団の共通目標は、仕事についてだけとは限らない。快適な職場環境の維持向上という目標もあれば、職場の親睦を深めるための各種行事の実施という目標もある。

また仕事の面でも、ユビキタス化（いつでも、どこでもコンピューティング技術を受けられる環境にあること）の推進のように、従来とは発想も手法も異なる目標が今後新たに設定され

3 人がやっていない仕事を率先して行なうことで、仕事への応用力が身につく。

るかもしれない。そうなれば、立場や職場経験の有無、年数の長短はあまり障害にならないばかりか、かえって経験を持たないことが強みになる場合もあるだろう。つまり、新入社員にもリーダーとなる場があり、リーダーシップを発揮する機会もあるということだ。遠慮することはない。そのような場や機会を探してみることだ。職場がよくなることなら、周囲の先輩も上司も積極的に支持し、支援してくれるだろう。

歴史物語に学ぶとすれば、若き日の豊臣秀吉の心構えである。織田信長に仕え、草履とり、薪炭奉行などの軽微な役目から始まって織田軍団の長となり、信長亡きあとついに天下を掌握した英雄である。彼は、どんな軽い役目であっても、その役目の持つ意味を考え、どうすればよいか工夫をこらし、着実に実行していったという。その役目の範囲でリーダーシップを発揮し続けたのである。

たとえば、職場環境の改善でもよい。毎朝、仕事の前に周囲の清掃や整頓を実行する。帰りには翌日の仕事の段取りに合わせて機器を収納する。また、職場の親睦会の幹事でもよい。予算に合わせて、旅行などの企画を立てる。世話役を引き受ける。人のやりたがらない仕事を引き受け、工夫していくうちに、仕事に通じる応用実践力や管理能力が身についてくるだろう。これらは誰のためでもない。自分の成長のための努力なのだ。

第4章

コミュニケーションの基本

仕事の質を高める察知力を磨く

気遣いがコミュニケーションの質を高める

お役所仕事の批判の例によくあげられるものに、道路工事がある。道路工事といっても、道路の新設、補修、改修といった道路そのものの工事のほか、上下水道、ガス、電話、通信線埋伏などの諸工事があるが、いずれにしても、道路を掘ったり埋めたりを繰り返すことに変わりはない。

工事中の交通規制が原因の渋滞にイライラしたり、夜間に活発化する工事の騒音や震動に悩まされる住民からすれば、水道工事が終わってほっとする間もなく同じ箇所のガス工事が始まるなどという事態は、言語道断と言えよう。どうしてうまく連絡し合い調整して一度に片づけないのか、と言いたくなるのも無理ない話だろう。

会社などの組織には、多くの人がいる。その人びとは、いろいろな仕事を分担して活動している。ある人が担当する仕事は、どんな内容であっても、組織全体から見れば部分である。その人たちが勝手に活動したのでは、組織体としての統一に欠け、むだな経費や労力を投入することになり、道路工事の例のような批判を受けることにもなりかねない。

このようなむだをなくし組織として統一した活動を行なっていく上で大切な機能が、コミュニケーションである。コミュニケーションは「意思の疎通」と訳されるが、言い換えると、「人びとの間で交わされる情報と意思の相互交流」のことである。目的を共有する人びとがその目的実現のために一体となって活動しようとするとき、互いの活動の状況を知って動けば、ムダなく短時間で目的を実現することができる。

他の人と足並みをそろえることもできれば、お互いにカバーし合うこともできる。予測しなかった事態にぶつかり、計画した活動をやめたり変えなければならない場合でも、速やかに対応することができる。自分の活動の状況を他に伝え、他の状況を伝えてもらう機能が組織には備わっている。そのことを知っていなければ、組織人としては失格である。

人は誰でも、自分の仕事がうまくいくように努める。自分の仕事さえ順調に進んでいればよい、他の人の仕事の進行状況には興味がないというならば、コミュニケーションの必要性を感じないですむだろう。しかし、組織の中ではそれではすまない。コミュニケーションのない組織はあり得ない。広い視野を持ち、他の人の仕事の動きにも目配りする姿勢がなければ、コミュニケーションは円滑に行なわれない。情報時代の今日、コミュニケーションの重要性は、ますます増してきていることに留意すべきである。

組織全体として効率的に動けるように情報の交流で調整を行なおう。

日々の業務をきちんとこなすだけでよい？

自由闊達な社風がイキイキ会社を創る

「会社の寿命は、約三〇年である」

このような見方があると言ったら、志を抱いて入社したばかりの社員は、ドキッとするかもしれない。自分が選んだ会社の寿命はあと何年なんだろう、とあわてて会社の創設時期を確かめる人もあるだろう。

業種によって長短の違いはあるが、会社にも寿命があるという例証は認められている。会社も人と同じように、生まれ、成長し、全盛期を迎え、その時期を過ぎれば次第に衰退に向かう。会社の経営に責任を持つ人びとは、いかにして成長から全盛期への期間を長く保つかに腐心するのである。

会社の寿命を削るものは、現状への安住である。今のままでよいとして将来への投資を怠ったり、権威や慣習が幅をきかせ、煩雑な手続きなしには何事も決まらない、というような企業風土が形成されてしまうと、会社は必ず衰退へ向かっていく。「大企業病」とも呼ばれているが、実は企業の老化現象である。これを防ぐためには、現状に安住せず、常に将来を見つめ、新たな目標を立てて活動していかなければならない。会社の状態を常に創業から成長に至る若々しい過程に位置づけておく努力を続けなければならない。

一般の社員もまた、会社の未来像に関心を持ち、その実現に努めていく姿勢を持たなければならない。時代を先取りする精神を持つことが期待される。その精神に触れてくる情報こそが活きた情報であり、会社の若さを保つ栄養剤である。

経営責任を有する人びと、中間管理者、ベテラン社員、新入社員……。立場や経験の違いはあっても、将来の会社の活躍を夢見て、目標設定に役立ちそうな情報を素早くキャッチする鋭い感覚は同じように必要である。日常の報告に、できるだけ将来予測を含ませていく努力。斬新な視点で改善や改革を提案する努力。このような社員の努力が組織を通じて行き交ってこそ、企業は発展し続けることになるのである。

激しい受験戦争を勝ち抜き、目指す企業に就職することができた。入社したばかりのこのホッとした気持ちこそ、大企業病への最初の徴候である。今から青雲の志実現の旅が始まる。新入社員らしい緊張感と、前を見つめて躍動する気力が求められている。

?

世代も出身も異なる人とつきあうことが不安。

成功は社員の「相互補完」の先に待っている

職場では、人間関係の基盤は会社から与えられるものであって、自分で選ぶものではない。入社するきっかけになったのは学校時代の先輩が誘ってくれたからだとしても、その先輩と同じ職場で働ける確率は小さなものだろう。会社が大きければ大きいほど、確率は小さくなっていく。新人が配属された職場には、誰も見知った顔はなく、心細い思いをするのが普通である。

顔を見るのも初めてなくらいであるから、職場にいる人たちの気心など最初からわかるはずがない。これは、相手にとっても同じことである。お互いに気心が知れないから話もしない、というのでは、職場としてのまとまりはつかず、組織的な活動はできない。

一般に、職場では各人に仕事が割り当てられているが、それは、主としてその仕事を担当する責任があるということであって、その人でなければその仕事をやってはいけないということではない。ある人の仕事が忙しければ手の空いている人が助けたり、その人が休暇中に緊急の仕事が出れば周囲の人が処理してしまう、などということは当たり前とされている。いわば、職場の人びとは、仕事に関して互いに補完し合う関係にあると言える。

したがって職場では、お互いを知り合い、気心を知り合うことが大切となる。協調性が尊ばれ、明るく人付き合いができることを求められる。何のこだわりもなく人と接することができる。誰とでも話ができる。構えることなく自分を語ることができ、人の話を興味を持って聞くことができる――これらのことは、社会人としての重要な能力である。

自分と他の人との間にこだわりの壁を築くことがなければ、自分から話しかけることも、他の人から話しかけられることも、スムーズである。その結果として、お互いの考えや行動の意図があらかじめわかっていれば、職場の一員としての相互補完作用も円滑に果たされよう。

組織的な活動にあっては、チームワークが大切である。よいチームワークは、チームメンバーの相互の信頼感があって初めて成り立つものだ。職場の日常的な人間関係を通じて、その信頼関係を形成していく努力が必要である。

コミュニケーションは、人間関係を形成するために欠かせない要因である。人間関係とともにコミュニケーションが重視されるのは、両者ともチームワークに密接な関係があるからである。

気心を知り合い、信頼し合えることで仕事はうまくいく。

朝礼や会議で社内情報を共有化せよ

コミュニケーションには、仕事の遂行に直接関係するものと、人間関係の維持のような間接的な位置づけのものとがある。仕事の遂行に直接関係するコミュニケーションについては、確実に行なわれることや要領よく行なわれることを目的に、形が決まっているという場合が少なくない。そのうちのいくつかを紹介するが、ぜひ習慣化させてほしい。

朝礼・終礼 職場ごとの習慣とも言えるが、毎日、始業時または終業時に全員が集まって行なわれる。これから一日の仕事に向けての目標の確認と意欲の喚起、仕事が終わったあとの反省とねぎらいという意味を込めた儀式の一面もある。この際に、それぞれの担当者が仕事の進捗状況報告や提案などを行ない、情報の共有を図ることが多い。

会議 経営会議から職場の打ち合わせ会議まで、多様な形態がある。意思決定、連絡、報告、伝達、説明など目的は様々であるが、共通しているのは、関係者が一堂に会し、意見を述べ合い、利害を調整し、一定の方向での合意を形成しようとする点である。形のあるコミュニケーションの代表的なものである。したがって、職場ではかなりの会議が持たれている。会議が多いと、コミュニケーションが円滑であるというよい効果がある反面、会議のために出席メンバーの時間がとられ、仕事が進まないという悩みも生ずる。ムダな会議を廃止し、必要な最少メンバーで、必要なときに、最短時間で開くとよい。

報告 仕事に関して上司に報告するのは当然であるが、外部からの照会に対する回答、ある仕事の実施に関して関係する社内の人たちへの報告など、様々な形態がある。

報告には、口頭での報告と文書によるものとがある。口頭でよいとしても、たとえば仕事が終わったとき、一段落したとき、何かアクシデントがあったときなどには必ず行なわなければならないと規定されていることが多い。文書による場合には、所定の様式を用いるとよい。

日誌 日常的な出来事を報告する形である。日報と呼ぶことが多い。記入すべき項目が決まっている場合と、自由記述の場合とがある。

定時連絡 毎日、毎月の定日、毎年度末など、決まった時点で行なうべきとされている、上司や職場に対する連絡である。

仕事の遂行のためと、人間関係維持のための、2つのコミュニケーションが必要。!

節度ある雑談は仕事のうちと考えよ

形が決まっていないコミュニケーションとは、必要に応じ随時行なわれるもので、行なうべきときや様式などが定められていないものである。職場における雑談なども含まれるが、服務規律の維持の観点から禁じているオフィスもある。オフィスの性格にもよるが、来客や他の人の電話の邪魔にならないなら、ときたま軽い冗談や雑談が飛び交う職場のほうが活気があり、コミュニケーションも活発であるように思う。それが相手に対しての思いやりとなり、チーム力が育っていく。

形の決まっていないコミュニケーションのいくつかの例を紹介してみよう。

随時行なわれる口頭報告や連絡　上司が関心を持っていると思われることに関連した出来事の報告や連絡、関係ある人びとへの連絡などである。

電話の受け答え　取引先その他の外部からの電話や社内の他の部門の人びとからの電話を受けたり、また、自分から相手にかける。顔や姿が見えないので、的確な言葉を選び、誤解や行き違いが起きないように注意する必要がある。

メモのやりとり　直接話すことができない事情があり、何かを伝えようとするときには、メモを使う。メモを書いたのは誰か、誰に宛てて書いたものか、いつ書いたのかなどがわかるようにつくるとよい。メモ用紙は、ただの白紙のものと、日付、時間、発信者、受信者、内容など様式化されているものが市販されている。様式を自分で設計してメモ用紙をつくれば、さらに使い勝手がよくなるだろう。

FAXの送受信　離れた人とのメモのやり取りにはFAXが便利である。ただし、相手のFAX番号を間違えずに送信することや受信の確認を電話で行なうことなどの配慮が必要である。

メールの送受信　容量の大きな資料を添付ファイルの形で瞬時にやり取りできることや、電話と異なり相手が不在でも正確に要件を伝えることができる利点から活用されている。

　相手のアドレスを間違えないように注意すること、手紙とメモの中間的な性格のツールなので、くだけた表現により相手に対する礼を失することがないよう気をつける。職場のメールであることに留意し、私用のメールを慎む心構えも重要である。

顧客の応対　顧客との応接は相手のニーズに応じた対応が求められる。

ビジネス文書は「伝達力」がもっとも大事

テキストによるコミュニケーションとは、直接または電話など口頭で行なわれる場合以外のものである。たとえば、文書やFAX、メールなどがこれにあたる。

テキストによるコミュニケーションでは、口頭で行なう場合に比べ、次のような点に気をつける必要がある。

タイミングをはずしやすい　口頭で行なう場合には、不十分な内容は相手の質問を受けて補っていけばよい。テキストによる場合はそうはいかないから、内容を整理し文章化するための時間が必要になり、タイミングをはずしやすい。

宛先、発信者を忘れずに　誰から誰に伝えるものかをはっきりさせる。たとえば、自分が離席中にかかってきた電話を受けた人のメモにその人の名前が書かれていないため、細かな点が確かめられず相手が特定できないとか、FAXを受信したが発信者の名前がなく、誰に回答すればよいのかがわからない、といったことがよく起きるものである。

4 日時や発信者といった見えない状況をきちんと文章で残そう。

日付、時間　FAXやメールならあまり心配がないが、伝言メモの場合、意外に重要な要素が日付や時間である。ある時点では意味を持っていた内容が、時間の経過とともに意味を失ってしまうことは珍しくない。「いつ」のことかをはっきりさせることで前後の関係もわかり、一貫性のある情報となる。

思い込みが強いとわかりにくくなる　人にはそれぞれの思い込みがあり、言わなくても相手はわかってくれると考えがちである。文章で伝えられる内容にその思い込みがあると、相手が理解しにくい箇所が随所に生じてしまう。親切すぎるくらいの文章が適当である。

構えないで書く　現代の文章には、文語体と口語体の区別はない。すべて口語体で書かれ、せいぜい「である調」「です、ます調」の違いがある程度である。昔は話し言葉としての口語体と書き言葉としての文語体があったから、手紙一つ書くにも気持ちを切り替えて、言葉を選ぶ必要があったと思われる。

いまではモノを書くのに改まって考える必要はない。儀礼的なものでないなら、格式張った難しい言葉は使わず、読む人が誤解しないわかりやすい言葉で書けばよい。まずは相手に自分の意図が通じればよいという気持ちで、構えずにどんどん書くことである。

どんなときでも報・連・相を習慣にする

組織におけるコミュニケーションは、日常生活における水や空気に似ている。存在することは確かである。しかし、普段はあまり意識されない。ところが、気候の異変で水不足が話題になったり、大気汚染による喘息の多発などのニュースを聞いたりすると、水や空気はとたんに強く意識される。意識されないうちは正常に機能しており、意識されるときは異常事態で心配の種になっている。

組織におけるコミュニケーションも、正常に機能しているときには意識されず、意識されるときには機能が阻害されていることが多い。「そんな大事なことをなぜ黙っていたのか」と叱られるのは、仕事がうまく進まなくなったときである。

コミュニケーションは「意思の疎通」と訳されているように、人と人との間で行なわれるきわめて人間的な行動である。人間は機械ではないから、時間の経過とともに記憶は薄れるし、見方や考え方が変わっていく。また、思い込みが働いて、必要性を勝手に判断もする。もともと阻害されやすいものなのだ。コミュニケーションが機能していないことをあたかも異常なことのように言う人もいるが、コミュニケーションが必要なときは、関係ある人びとが意識して努力しなければ、すぐに機能不全に陥るもろい面を持っている。

ビジネスパーソンのコミュニケーション努力としては、積極的に報告、連絡、相談、提案などを行なうよう心がけることをあげることができよう。仕事に関係あること、参考になりそうなこと、仕事に関連して見聞したことを報告する。何か行動を起こそうとするとき、影響がありそうな人びとに連絡する。困ったことや悩みを相談する。そして、よりよい方法や考え方を提案する。これらのことを日常きちんと行なう心構えがあれば、自分が原因となるコミュニケーションの途絶は起きない。

もっとも受け手の意識も大切である。かつて、直接の上司が不在のときに緊急と思われる事柄があり、その上の上司に報告にいって叱られたことがある。「そんな細かい話を直接言ってくるな」という理由であった。上司は報告を受けたらどんな小さな報告にも誠実に耳を傾けるべきである。

自分が困れば報告や連絡の不足を嘆くが、普段はそれらに無関心である。このような身勝手な姿勢では、コミュニケーションは成立しない。無関心こそ、組織におけるコミュニケーションを阻む大きな壁である。

相手の立場に立ち、仕事に関係する情報や行動、そして提案を日常的にきちんと伝えよう。!

目的が変われば「会議の形」も変わる

ビジネスパーソンには、会議がつきものである。職場の内外で様々な会議が持たれ、それに関わることになる。

会議には、経営会議などの定時に必ず開かれる正規の会議と、それ以外の随時に開かれるものがある。正規の会議は、通常、決まったメンバーで開かれ、議題の範囲もあらかじめ決まっており、会議録もきちんと作成されて保存されるのが一般的である。正規の会議でないものは、随時、必要なメンバーを集めて開かれ、議題も様々で、会議録をつくるかどうかもその性格や内容によって決まるなど、まちまちである。

会議は、最終的にはそこに集まったメンバーの意思を統一し、共通の意思決定に結びつけるという目的を持っているが、そのプロセスには様々なパターンがある。いくつかのパターンに分けて考えてみよう。

なお、これらを同時に行なうこともある。

4

「会議の種類」を見てみよう

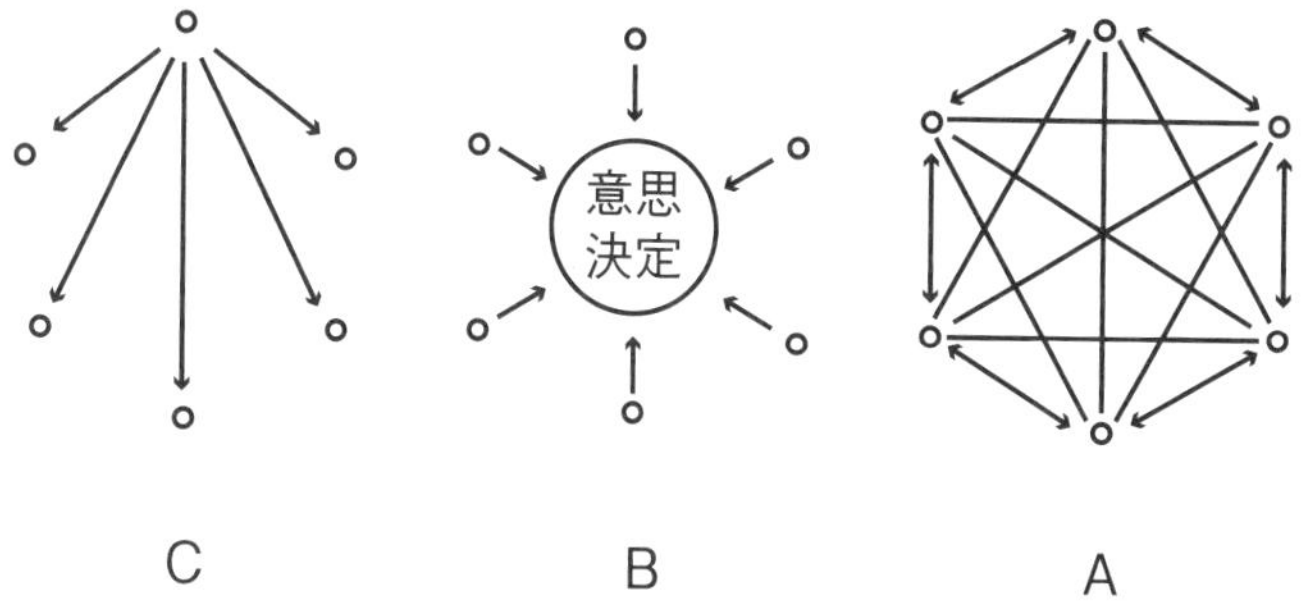

A **意見調整会議** ＝連絡・調整のための会議、情報収集の手段としての会議

情報交換により仕事を整理したり、組織としてのつながりを強化するための会議である。多数の人が協同して、それぞれの分担を決め、その間の関係を調整し、必要な情報を交換する。

B **意思決定会議** ＝意思決定のための会議

一般的な会議のパターンである。解決すべき問題があり、関係者が集まって、それぞれの情報を出し合い、状況を分析し、意見やアイデアを出し合うことで、解決策を導く。

C **情報伝達会議** ＝組織意思徹底のための会議

トップからの方針を伝えたり、参加者に情報を伝え、共有するための会議。情報の確認のための質問などは行なうが、討議や議論は行なわない。

どのような会議も、意思決定に結びつけるという目的を持つが、そのプロセスは様々である。

会議を成功させる秘訣は手順にあり

ビジネスパーソンの会議へのかかわり方としては、会議に参加する立場と会議を開く立場に大別される。

会議に参加する立場

会議議題について事前に調査しておく　知らされた議題を見て、必要と思われるデータをチェックしたり、関係者の意見を聞いておく。会議に臨む自分自身のスタンスも決めておく。

会議の時間に遅れない　開催予定の五分前までには指定の場所に出向く。

他の出席者の意見をよく聞く　会議の流れを早くつかみ、先入観を持たずに他の人の意見をよく聞く。

意見は簡潔に話す　発言事項のメモをつくり、これを見ながら簡潔に話す。

感情的な議論をしない　自分の立場に不利益な結論に向かっているようなときでも冷静に対応し、感情的に他の人の意見に反発しない。また、相手が感情的に発言しているようなときにも、冷静に議論するように自分自身をコントロールする。

会議の経過と結果を報告する 会議から戻ったら、会議の経過と結果を簡単にまとめたメモをつくり、上司や関係者に配って報告し、会議ファイルに綴っておく。

会議を開く立場

会議メンバーを的確に選び連絡する メンバーが決まっている場合には、それぞれの都合を調整し、全員が集まれる時間に予定する。決まっていない場合には議題に即してメンバーを決め、日時、場所、議題などを知らせる。

司会者に会議の趣旨を説明しておく 司会者を決めて依頼する。その際、会議の趣旨、配付資料、予想される討議の流れ、終了予定時間などを説明する。会議時間が延長されそうな場合には、出席メンバーの終了予定時間後の都合も司会者に伝えておく。

会議場を準備する メンバーの着席位置の指定、資料、メモ用紙、パワーポイントなどの準備、喫煙を許す場合には灰皿のセットを行なう。

出席者の確認 予定時間の一分前くらいになってもきていないメンバーがいたら、その職場に連絡し、確認する。

会議録の整理 終了後、会議の経過と結果をまとめ、出席者と関係者に配付し、保存する。

会議への参加は、会議中だけではなく、会議前後の主体的なかかわりも大切。!

よく話をするのにもう一つ思いが伝わらない。

人の話は「聞く」のではなくて「聴く」

日常生活の中で、自分の意思を相手に伝えようとするときに、思うように伝えられたと感じるのはどういうときなのだろうか。おそらく、相手が誠意を持って自分の話をよく聞いてくれていると感じるとき、話を節ぶしでうなずき、相槌を打ってくれているとき、もっと聞きたいと身を乗り出し、「それで……」とか、「それから……」と話の先を促してくれるようなとき、ではないだろうか。

結果として「了解した」とか「わかった」と言われたとしても、新聞を広げて読みながらとか、話し手の顔もろくに見ず、相槌も打たず、「あー」とか「うー」とか返事をしているのかいないのかわからないような態度で聞いていられたのでは、本当に自分の意思が伝わったかどうか、疑問にとらわれることだろう。

コミュニケーションは、送り手の意思を受け手がしっかりと受け止めてこそ成立する。この意味で、よく聞くことこそがコミュニケーションの基本であると言えよう。聞くという行為を分けて、受動的に聞くことを「聞く」、能動的に身を入れて聞くことを「聴く」とする考え方もあるが、これにしたがえば、コミュニケーションの場では「聴く」姿勢が大切であるということである。

コミュニケーションは、相互作用である。したがって、意思の受け手は送り手の立場にも立つ。意思の送り手は、きちんと伝えたいと考えるから、熱心に話す。しかし、自分が受け手の立場に立ったときにはいい加減だというのでは、バランスを欠く。聞くことに不熱心な人には、だれも熱心に話そうとはしないだろう。また、人の話をろくに聞きもしない人の話を熱心に聴く人もいない。よく聴く姿勢を持っているからこそ情報は集まり、その人の話も聴かれることになる。

コミュニケーションの秘訣は、よき「聴き役」からということだ。相手の話が終わったら、今度は立場が変わって自分が話す。話し手が聴き手に、聴き手が話し手に回る。互いによく聴き合うことで、初めて相互の意思が十分に通い合うことになる。

身を乗りだし、積極的に「聴き役」になることが、自分の話を聞いてもらうことにつながる。

「伝える」から「伝わる」話し方をしよう

言葉を話せる動物は、人間だけだと言われている。テレビのドラマや娯楽番組には話すことができる犬や猫などの動物が出てきて驚かされるし、イルカは知能が高く、人の言葉を解し、仲間と様々な信号で意思を伝え合っているとの実証的な研究も行なわれているようだから、本当に人間だけが話せるのかどうかはわからない。しかし、多様な言語を操り、多くの人びとと複雑な意思の交流を図れるのは、人間だけかもしれない。

「話し方を研究しよう」などと言ったら、「話すことなら、子どもの頃から誰でもしている。なぜ、改めて話し方を研究しなければならないのか」と、疑問を持つ新入社員も多いことだろう。しかし、企業の管理者が、若い社員について「話のしかたを知らない」と嘆いている現実があることも認めなければならない。

話のしかたを知らないと言われるとき、その理由は三つある。内容をよく理解していないこと、相手を知らないこと、話す技術が足りないこと、である。内容を理解していない場合については、話す前に内容をよく研究すればよい。相手を知らないときには、自分で研究するか、誰か相手のことをよく知っている人に聞いておけばよい。問題は話す技術という点であり、これについては日頃からの努力が必要である。

少なくとも、次のような点には気をつけるとよい。

簡潔に話す 事前に内容を整理し、できるだけ簡潔な話し方をするように心掛ける。一つの事柄を話しているうちに次々と関連する事柄を思い出し、話す内容が複雑になりやすいが、一つの事柄は一区切りの話とし、いくつかの事柄の話を一度にまとめて話さないようにする。

事実、推測、感想を峻別する 言葉の最初の区切りに、「このような事実があります」「これは推測の域を出ませんが」「私はこのように考えています」などの言葉をはさむことによって、事実や推測、または感想であることがはっきりする。

相手の目を見て話す 頭の中で整理したことを間違いなくすべて話そうとすると、意識が内向きになり、視線が不安定になる。下を向いたり天井を見たり、じっと考え込んだりして、相手の顔を見ずに話すことになりやすい。これでは、相手の反応もわからず、コミュニケーションが希薄になるから避けたほうがよい。

日頃から簡潔に話す訓練をし、話す前にはその内容も確認しよう。

情報発信はタイミングが肝心だ

織田信長の旗下に、梁田《やなだ》政綱《まさつな》という武将がいる。彼は織田家の存亡を賭けた桶狭間の戦いの後、信長から戦功第一であるとして厚く賞された。理由は〈今川義元の本陣が田楽狭間に留まって昼食をとり休息している〉という情報をいち早くもたらし、味方を大勝利に導くきっかけをつくったから、というものである。当時の常識からすれば、政綱の功が敵の大将義元に一番槍をつけ、また、その首をとった者たちより大きいという評価は驚きであったろう。従来の因習にとらわれず、自らの信念と価値観を持って時代を切り開こうとした信長の、情報に対する重視が表われている逸話として有名である。

この逸話の中の政綱に対する評価は、信長が慎重に考えていた千載一遇の勝機が実際に来たことを絶好のタイミングでもたらした、という点が大きいだろう。いかに重要な内容の情報であっても、タイミングがずれたのでは価値が半減する。歴史には「もし……だったら」はないと言われるが、もしも政綱からの情報が遅れてもたらされたら、桶狭間における信長の大勝利はなかったかもしれないのである。

近い例では、ある電気メーカーの製品が原因で死亡事故を起こし、社長が退陣を余儀なくされたことがあった。退陣の記者会見で、社長は「このような大きな事故になる前に、この製品のトラブルに関する情報を、社長である自分にあげてきてくれていたら……」と嘆いたというエピソードが残っている。

トップが実力を持ち、ワンマンと呼ばれるほどになってくると、業務上の失敗は担当役員の罷免や責任者の左遷などの過酷な結果に直結するから、そのような情報はトップの耳に入れなくなる。よい情報なら、争って皆が素早く耳に入れようとする。トップが責任を持って迅速に決断しなければならないときとは、ひどい状況になりそうなときであって、順調なときではないのである。

情報の価値を決めるのは、それを受ける側の必要性とタイミングである。必要な情報が組織的に集約できるように、企業には様々なシステムが設けられている。重要度が高ければ高いほど、記録に残るようになっている。

このシステムの難点は、記録内容に正確を期すあまり時間がかかり、タイミングを失いやすい。記録はあとでもよい。重要な情報だと思ったら、とりあえず口頭で、必要と思われる相手に知らせることだ。もちろん、前提としては、重要な情報とそうでないものを識別する力が必要である。

第5章

ビジネスマナーの基本

社会人としての品格を磨く

公私のけじめをつけて行動する

バスや電車の中で、平然と化粧する女性の姿を見かけるたびに、違和感を覚える。理由は、化粧は純粋に私的な行為であり、バスや電車の中は公共の場だという感覚があるためだ。もしかすると、人前で化粧ができる女性には、もともと公私の観念などないのかもしれない、と不安な気持ちになってしまうのである。

ビジネスパーソンにとっては、職場は公的な場である。東日本大震災により発生した津波による原子力発電所の事故の影響もあって、省エネは必須となっている。政府が音頭をとり進めているクールビズや企業のカジュアルデーといった取り組みもある。それでも昔かたぎのビジネスパーソンであれば、必要なこととわかりながらも、公的な場である職場にノーネクタイやセーター姿という崩れた格好で現れることなどできないと悩んでしまうだろう。

服装は、相手の受ける印象を左右する。第一印象として自分がだらしない人間と受け止められるだけならまだしも、公私の区別がない身だしなみを許す会社もまた信用できないだらしない会社ではないか、と受け取られては問題である。いかに堅苦しい服装はやめてもよいと言われても、相手から好印象で受け入れられるような清潔感と機能性をもった落ち着いた服装をする心構えは大切である。

職場では、自分個人の目的のために時間や費用を割くことは極力避けなければならない。公私を混同しないこと――これは、ビジネスパーソンとしてのマナーの基礎である。

たとえば、電話。会社で自分から私用電話をかけることは、電話代の問題もあるから、禁止されているに違いない。しかし、外部からかかってくる電話が私用かどうかは、相手だけでは判断できず、内容によって決まる。一律には規制できないだろう。私的な内容であっても、家族の安否のような緊急の連絡まで禁止することはあるまい。

いま、ビジネスパーソンの多くは、自分の携帯電話を持っている。最近は、仕事の連絡が二四時間とれるようにと、会社の経費でもう一台、携帯を持っている人もいる。なおさら公私の区別をつけにくくなった。だからこそ、私用の電話をしている時間は、本来、会社のために活動すべき時間であると自覚して、慎まなければならないだろう。

外回りの仕事につくときには、公私のけじめはより強く意識されなければならない。ビジネス上の必要と経費の効率的な使用という観点を常に忘れず、自律心を持って行動する必要がある。要はプロとしての自己規制の問題なのである。

5

職場は公的な場であり、勤務中は会社のために働く時間と心得よう。

!

ＴＰＯとのマッチでセンスが光る身だしなみ

季節の変わり目になると、百貨店や量販店に夏のクールビズ・冬のウォームビズと称する衣料品が店頭に並ぶ。国を挙げて省エネを推進し、それが企業にまで浸透、定着してきたからであろう。しかしどんな服装でもよいというわけではなく、ＴＰＯ（時、場所、場合）に合わせた服装は季節に関係なく大切である。

かなり前の話になるが、国家公務員採用試験の説明会で、説明者を務めたことがある。当日午後、県内の高校の就職担当の先生が会場に集まってきた。その先生たちの服装が非常にラフで、やや奇異に感じたことを覚えている。全員がノーネクタイ、ポロシャツ姿だったのである。

私の高等学校在学時代の記憶にある先生は、授業中も放課後も皆、背広姿であった。公的な説明会であり、こられる先生は恐らく背広姿と無意識に決め込んでいたことを反省させられたものである。蛇足ながら、先生たちのそのようなラフな姿に助けられ、緊張もせず和やかな雰囲気で説明会が運営できたことに感謝もしている。

若い人たちのファッションは、大きく変わった。ジーンズの膝頭の部分をわざと切ってはく。

ものを大切に考える一世代前の人たちには、信じられない感覚である。個性尊重の風潮はそのような感覚を許容するから、今後とも若い世代を中心にファッション感覚はますます過激になっていくだろう。流行の先端では、常に社会の一般常識との間にギャップが生じ、そのギャップを受け容れるか非難するかのせめぎ合いが行なわれ、非難が大きければ消えていくのかもしれない。

流行に乗るのもよいが、ビジネスパーソンには社会人として外してはならないファッション感覚もある。身だしなみとは、そのようなものだ。会社訪問、入社試験の際のいわゆるリクルートルックも、その一つと言えよう。画一的と言われようが没個性と言われようが、採用権を持つ人事担当者と会うときに危険は冒せない。相手が不快に感じるかもしれない個性の主張はしないに越したことはない。相手は違えど、それはこれからも同じなのだ。

ビジネスパーソンとしては、身だしなみの観点に縛られて、自由なファッションを楽しむことはむずかしいだろう。しかし、逆から考えれば、制約があるからこそ、ちょっとしたアクセサリーなどの工夫がファッションセンスを際立たせもする。身だしなみのセンスは、一般の期待する画一化されたファッションの中で個性を主張する工夫のセンスでもある。

! 相手に不快感を与えない身だしなみがビジネスパーソンには求められる。

[第5章] ビジネスマナーの基本

働くとは言葉に責任を持つことだ

子どもから社会人になっていく過程では、個人としての言動に関しても親や教師が目配りをしてくれただろう。もしも問題があれば、注意したり叱ったりして矯正してくれたに違いない。会社には、周囲に上司や先輩が多数いるが、そのようなきめ細かな目配りをしてくれるかどうかはわからない。仕事の進行や結果に影響ある言動について問題があれば注意することも叱ることもあろうが、仕事に関係のない個人的な言動にまで踏み込んでそのような目配りはしないのが普通である。

上司や先輩にはそこまで世話をやく義務がないからだ。例外的には昔かたぎと言われるような人もいて、遠慮なく注意したり叱ってくれるということもあるが、最近では恐竜なみの希少価値があるというくらい少ない。

個人的な言動に責任を持つということは、社会人としての最小限の資格要件である。いい加減な言動を繰り返して非難されたときに「上司や先輩が教えてくれなかったから……」ではすまない。社会人としての評価は、直接に注意したり叱ったりすることがないだけ厳しい。一人前の完成された社会人として受け入れ、その尺度で評価しているからである。だから、その尺度から見て、社会人として未熟だという評価が定着したら、その評価を変えていくには膨大なエネルギーが必要になるだろう。

どのようなときに社会人として未熟と評価されやすいのかを知っておくことは、むだにはならないだろう。いくつかの点をあげてみよう。

無責任な行動　割り当てられた仕事をきちんと実行しない。仕事がうまく進まなくなると、他人や状況の変化のせいにする。反省する姿勢がなく、自分のミスは認めようとしない。批判はするが、どうすればよいのかの工夫はしない。決断しない。

立場をわきまえない言葉づかい　長幼の序を意識していない。組織的な上司と部下の関係、営業と顧客の関係、接待の場での主客の関係などの立場を考えていない。感情が先行し、その場の雰囲気に合わない調子で話す。言葉を改めたり、強弱を変えた臨機応変な話し方ができない。

自分勝手な言動　自分の都合を常に優先させて考え、他の人の都合に対して配慮しようとしない。調整を受け入れる柔軟性を持たない。

無責任な行動をせず、立場をわきまえ、相手の立場を考えた言動を心がけよう。

実行できるのか不安でも約束するべき?

小さな約束こそ忘れず守れ

学校の卒業時に、寄せ書きをすることが多い。かつては個人的に、尊敬する恩師や親しい人だけに頼んで書いてもらったものだが、最近ではクラス全員が、あるいは教師全員が寄せ書きしたものを写真に撮り、そのまま卒業アルバムに印刷してしまうという大量生産型が多いようである。

寄せ書きに書かれる言葉でよく見かけるものに、「有言実行」がある。もともとの言葉は「不言実行」のようで、あれこれ言わず、黙ってよいと信じるところを実行する、という意味のようだ。〝論評せず。ただ実行あるのみ〟というところだろうか。黙って行動するだけでなく、自分の意思をはっきり表わすことも大事だとする風潮を受けて、洒落で書き替えられたものが定着しつつあるのだろう。口ばかり達者で実行がともなわないことを皮肉った「有言不実行」というバリエーションもあるようである。

約束したことを守るのは、ビジネスパーソンとして大切なことである。ビジネスは、最終的には契約とその実行であり、「約束を果たすこと」が基本となっている。商品の納期、支払いの時期といった約束ごとが守られなければ、信用を失い、ビジネスはできない。「有言実行」は、ビジネスパーソンの座右の銘であってよい。

組織の一員として見ても、約束を守ることは重要である。自分の担当する役割をきちんと果たすことも、その一環である。上司から期限を限って与えられた仕事を、その時期までに確実に仕上げること。連絡や報告をすると約束したら、放りっぱなしにしないこと。親睦会などの行事の幹事を引き受けたら、職場の全員の期待どおりの活動をすること。借り出した資料は期限までにきちんと返すこと。

このような小さな約束をきちんと果たすことを積み上げていくことにより、職場での信用がつき、周囲の人からの協力も得られることになる。

人は、実行できる自信がなければ約束しない。実行できるかどうか判断できないときには自信のない話し方になり、結論もあいまいになる。このような経験を繰り返し、何とかその場しのぎを続けていくと、やるのかやらないのかよくわからないような歯切れの悪い話し方やものの言い方が身につき、次第に信用を失っていってしまう。

「有言実行」型のビジネスパーソンを目指すなら、ビジネスの基本を踏まえた実行力も身につけていく必要があろう。

ビジネスとは契約とその実行であり、約束を果たすことで信頼がえられる。

5

他人の時間を尊重できる人になれ

デートの約束をする。自分はゆとりを持ってその場所に到着しているのに、約束した時間になっても相手が現われない。このようなときには、どう考えるだろうか。

肯定的に受けとめれば〈きっと何かの都合で遅れているに違いない、もう少し待ってみよう〉と考えるだろう。否定的に考えれば〈約束を守らない人なんて信頼できない、帰ってしまおう〉となる。

肯定的に考えて待つ場合でも、待てるのはせいぜい三〇分から一時間の間である。それも、納得できる理由があって遅れている場合であろう。約束から一時間近くも遅れて現われた相手に遅れた理由を聞いてみて、それほど大した理由などなかったのだと知ったときには、相手に対する信頼感はかなり揺らぐに違いない。いずれにしても、約束した時間を守ることと信頼されることとの間には、密接な関係があると言える。

大勢の人が集まり、チームワークによってある目標を達成しようとするとき、最も重要なのは、全員が心を合わせるということである。心を合わせるとは、互いにチームメンバーを信頼し合うということだ。別に、全人格的に信頼するということでなくてもよい。仕事の成果をあげ、目標を達成する、という一点に限って信頼できればよい。仕事に関しては重要なことを任せることができる、という信頼感が大切なのだ。したがって、仕事にかかわる分野での約束をきちんと守っていくことが大切になってくる。

組織には、皆が守らなければならない約束ごとがある。個人的に見れば、どうでもよいようなことでも、大勢の人がチームワークを果たすためには欠かせないことも多い。たとえば、出勤・退勤時間である。一日八時間働く義務があるという場合に、人によっては夕食時間を挟んで午後一時から一〇時までのほうがよいと言うかもしれない。

しかし、全員、朝八時三〇分とか九時には会社に出勤し、顔をそろえることになっている。このようなときに、一人遅刻を繰り返していては、勤務状態についての評価が悪いだけでなく、仕事についての信頼感も失うだろう。いつくるのかわからないようでは、重要な仕事も任されず、また、重要なプロジェクトにも参加させられず、能力発揮の貴重な機会を失うことにもなってしまうだろう。

ビジネスには、〝時間勝負〟ということも多い。時間を中心とする約束を守ることは、ビジネスパーソンとしての最低のマナーである。

仕事にかかわる約束は時間にかかわる約束であり、顔を合わせる時間に遅れることは信用を失う。!

仕事中は「情」と「業務」を分けて考えよ

誰でも、好ましいと感じる人間、気に入らないと感じる人間、何も感じない人間の三つのタイプの人間像を持っている。朝の通勤時、満員電車で隣り合わせになった人が好ましいタイプならよいが、気に入らないタイプだったら悲劇である。どちらかが下車するか、身動きができるくらいまで空かない限り、気にしながら電車に揺られ続けなければならない。それだけで、一日のエネルギーが消耗するほどの疲労感が残る場合もあろう。

職場も、通勤電車に似ている。配属された職場のメンバーが、皆好ましいタイプであるとは限らない。中には気に入らないと感じるタイプの上司や同僚がいるかもしれない。そんな感じの人とコンビを組んで仕事をさせられることだってあるだろう。しかし、途中下車はできない。配属換えになって自分がその職場を出ていくか、相手が出ていくか、同じ職場といってもかかわり合わなくてもよい関係でいられるということがないかぎり、目標の達成に向かって手をたずさえていかなければならない。

ともにチームの一員である、という気持ちがなければ、快く思っていないという感情はいつか相手に伝わり、相手も自分をそのような感情で見ることになる。職場の空気はギスギスし、少しの言葉の行き違いで大きなミスを引き起こしかねない状態となってしまうだろう。仕事がうまく進行しているときは、まだよい。チームの全員がよい気分で過ごせるからだ。人間同士の衝突も影をひそめているだろう。

しかし、仕事がうまく進まなくなってくると、日ごろ、快く思っていないメンバーの失策をあげつらい、快く思っているメンバーの失策は大目に見る、などの感情の反映が現われてくる。そして、ますますうまくいかなくなっていく。サッカーやプロ野球などのスポーツ記事には、このような教訓がいっぱいである。

チームは、仕事をするために集まっている。力を合わせればよい仕事もできる。どうせ仕事をするなら、よい成果を目指したいものである。個人的な感情はよい方向にコントロールして、楽しい雰囲気をつくり上げていくように努めることだ。感情は相互作用であるから、自分が努めることで相手にもよい感情を引き起こすことができる。

職場は、多様な個性がひしめくチームである。新人の個性は、職場にとってみずみずしく、若々しい。その個性を殺して過ごす必要はないが、チームの一員であるとの意識を大切にして、よいメンバーシップを形成するように努めていってほしい。

所在を明らかにするのが職場の常識

企業や官公庁の中には各課の部屋の壁に幹部の在室・不在を表わす表示板が設けられていることがあり、それが点灯しているかどうかを見ることによって、誰もが幹部の在否を確認することができるようになっている。

最近では、卓上型の小型の表示器やパソコン上のソフトウエアもあって、これは在室、会議中、外出の別が色分けできるようにもなっている。適時に報告したり、説明したり、決裁を得なければならないようなことが多いから、幹部の在室・不在を表わす表示器の設置は便利である。

幹部に限らず、自己の所在を周囲の人びとに明らかにしておくのは、ビジネスパーソンとしてのマナーの一つである。外出する。手洗いに行く。別室での会議に出席する。応接室で外来者と会う。いずれの場合であっても、席を空けるときには近くの人に、どこへ行くか、いつごろ戻れるか、連絡が必要なときにはどうすればよいかについて、伝えておくことが必要である。周囲の人も多忙なようであれば、メモを書いて自分の机に置いておけば確実になる。

また、企業の部長・課長クラスや営業の仕事に携わる人など多くの人は、携帯電話を常に携帯するように義務づけられることもあるだろう。どこにいても、外出していても、緊急の連絡ができるように、という配慮である。

かつて身近にいたある人が「携帯電話を持ち歩くのは、常時、会社に縛られているようでいやだから、自分は持ち歩かない。部下にも、自分が出かけるときには、もうその日は連絡がとれないものと思ってくれと言ってある」と自慢げに話しているのを聞いたことがある。

これを聞いて、責任ある企業幹部の姿勢としてはどんなものかと思ったが、その後、転職したとも聞いた。やはり、組織活動向きの人ではなかったのだなあ、と妙に納得したことをおぼえている。

携帯電話は次第に小型化し、さらに最近は、パソコンと同様の機能が満載の高機能携帯への人気も高まってきている。こうした通信機器がビジネスパーソンの一人ひとりに会社から支給されるところも多い。着実に人びとの生活を便利に変えてきている。

しかし、それらを使うのは個々の人間である。自分の所在を明らかにしておくのは一種の職場のマナーであり、職場の人びとと必要な連絡を絶やさないという姿勢がなければ、せっかくの文明の利器も用をなさないのである。ここは是非、肝に銘じてほしい。

携帯電話を持ち歩いていても、所在は周りの人に伝えておくことが必要。!

親しみを感じてもらうために言葉を崩すべき？

敬語は「ルール」ではなく「心遣い」だ

「食べれる」「出れる」などの「れる言葉」をめぐって、議論が行なわれている。以前、国語審議会でも取り上げられて議論された。「食べれる」は正確には「食べられる」であり、「出れる」は「出られる」である。杓子定規な文章になじんできた年代の一員としては気にならないわけではないが、政府の審議会が議論するような問題かどうかには疑問を持っている。

言葉の表現は感性の領域で、公式の場でないならいいではないかとも思うのだ。「れる言葉」も（正確な表現からちょっとはずしたところが粋だ）くらいの若者感覚的な俗語の域を出ていないと思うので、それほど目くじらを立てるほどのことでもないのでは、と思っている。

まじめに言えば、言葉は、それを聞いている相手との間に合意がなければ崩してはいけないものだ。「れる言葉」にしても、若者の間で使っているうちは（粋だ、カッコいい）ですむが、言葉づかいにうるさい年代の人にとっては耳障りなのだ。それを知らずに使っていては、常識を疑われ、信頼されなくなる。

敬語もそうである。立場の違いを意識して正確に使いこなせれば、相手の信頼も得やすい。

最小限の敬語に関する知識は身につけ、正しく使えるようにしたいものである。

敬語には、尊敬語、謙譲語1、謙譲語2の別があり、また、丁寧語がある。

尊敬語 自分より相手を高い位置にあるものと見て、相手自身や相手に直接関わることを尊ぶ言い方。たとえば、「行かれる（行く）」「召し上がる（食べる）」「ご覧になる（見る）」「おっしゃる（言う）」「楽しまれる（楽しむ）」などがある。

謙譲語1、謙譲語2 自分を相手より低く見せることによって、相対的に相手を尊敬していることを表わす言い方。たとえば、「参る（行く）」「いただく（もらう、食べる）」「拝見する（見る）」「申し上げる（言う）」「お目にかかる（会う）」などがある。

丁寧語 相手の存在を意識し、敬意をもっていねいにいう言い方。たとえば、「～でございます」「～と存じます」「～しております」などの語尾に多い形である。

敬語は、身について自然に出るなら、耳に聞いても心地よい。使い馴れない敬語を使おうとすると、間違えてあわてて言い直したり、言い淀んだりして、かえって相手を疲れさせ、失礼にもなりかねない。普段から崩さずに言い馴れておく姿勢が大切である。

敬語を自在に使いこなせると、特に年上の人の信頼を得やすくなる。

お客さまにはどの席をすすめればよい?

席順ひとつにも礼儀があると心得よ

以前、通勤電車の吊り広告で見たものだが、ある就職情報誌がおもしろい例題を出していた。三人がけの向かい合わせた新幹線の座席に六人の人びとが座るのだが、どのように座ればよいかというものである。六人とは、取引先の上司と部下、自社の部長と課長というように序列がある。

座席の位置と序列を対応させる問題であった。正解は、進行方向に向かう席の窓側席、その前の席、進行方向に向かう通路側席、その前の席、進行方向に向かう中央席、その前の席の順であるという。それを見て、この問題にどれほどの人が正解するだろうか、そもそもこれは正解と言うべきだろうか、と考え込んでしまった。

三人がけの場合に、中央席が一番下座であるというのは、自動車の後部座席だったら? という発想であろう。一般に自動車の後部座席は、二人用としてつくられている。そこへ三人が乗ったら、まず窮屈である。その上に、中央席は両側から押される形となるばかりか、足元が不安定になることもあって、主客を座らせる場所として不適当なのである。

通常は、運転者の後ろが上席とされている。

新幹線の座席はもともと三人がけだ。長い時間を雑談していこうとするなら、中央席に主客を座らせるのが筋ではないだろうか。窓側が上席という考え方にこだわるとしても、中央席がそれに次ぐと考えたほうがよいように思える。通路を通る販売員からものを買うにも、中央席より通路側席のほうが買いやすい。末席者がそこに座るというのが合理的であろう。

職場で席順が気にされるのは、自動車のほか、宴席、応接室などの場合である。一応の席の決め方を知っておき、お客さまが惑うことのないように素早く案内することを心がけたい。

宴席の場合 和室の場合は、床の間を背にする位置が上席である。床の間のような目印がなく上席がはっきりしないときには、出入口を基準に考えるとよい。そこから遠い場所が上席となる。部屋の造りによっては、窓側や見晴しのよい席が上席となる。

応接室の場合 入口から遠い席を上席と考える。応接用の椅子とソファが混在しているときは、ソファの席が上席となる。床の間や暖炉があれば、それらを背にする席がそれぞれ上席である。ソファは三人がけのものが多いが、その順位は奥の位置から上席と考えておけばよい。

5 お客さまには失礼のないように、心地よい席を案内しよう。!

素養の有無は応接態度ににじみ出る

好ましい応接態度を考えるには、相手の身になって考えてみることだ。入社前の会社訪問を思い出してみるとわかりやすい。不安を抑えて訪問したとき、暖かく迎え、親切に応対し、ていねいに説明してくれたと感じられる会社はどれだけあったろう。明らかに迷惑顔をされたことはないだろうか。立場の強みから、いい加減に鼻先であしらっている、と感じたことはなかっただろうか。

よい感じを受けたと思ったら、それはなぜかを考えてみる。不愉快な印象が残っていたら、それはなぜかを考える。それだけでも好ましい応接態度の基本が理解できるだろう。最も大切なものは、誠意である。しかし、それは言葉、態度、行動などによって総合的に表わされるものだ。訪問者が見ているポイントは、そのすべてだと言っても間違いではない。

次のような点に気をつけていこう。

言葉 相手の目を見て、明るくはっきり話すようにする。目をそらし、陰気な声で単調に話されたのでは、相手は自分と話すのも嫌なのか、と感じてしまう。また、相手の身になって、わかりやすい言葉を選ぶ。職場特有の略語や専門用語、一般化していない外来語などは使わない。やむを得ず使うときには、念のために注釈をつける。あいさつもきちんとする。

態度や行動 控え目な態度、きびきびしたメリハリのある行動を心がける。とくに最初の印象が大切であり、来客を迎える際の態度や行動には気をつけたい。机の引出しから名刺を取り出すしぐさが、妙にもったいぶって見え、気になることも多い。

アポイントをとってきている客を、応接室で一分以上待たせることも避けたい。また、来客中に電話や上司に呼ばれて席を離れ、五分も一〇分も戻ってこないなどということも避けよう。

環　境 自席での応対の際には、相手の席の位置や話がしやすい状態かどうかを考える。机の上に山と積まれた書類越しに話さなければならないようでは、意気もあがらない。

応接室の場合には、直前の使用時のゴミなどが残っていないかどうかをチェックしてからお客さまを案内する。灰皿は汚れていないか、茶わんの下げ忘れはないかなどは、最低のチェックポイントである。

訪問はあくまでも「相手都合」で

子どもが小学生だったころ、電話を使った家庭教師というシステムの勧誘を受けた。しくみは、次のようなものだった——あらかじめ問題が送られてくる。それを解く。決められた曜日の決められた時間に、電話の前で答案を持って待つ。電話がかかってきて答案の答えを読む。すると、正解と解説をしてくれる——。

断ったが、引き下がらない。とうとうある日、セールスマンがのことやってきて、事前サービスとして子どもに直接教えるという。「サービスの押売り」である。たまたま在宅していたので話をしてみたが、正直言って不愉快な経験だった。たとえてみれば、他人の家へ押しかけて無断で上がり込み、言いたい放題しゃべって帰ったという印象だったのである。

訪問する場合には、通常、目的を持っている。自分の都合で相手に時間を割いてもらうのである。この点を忘れると、相手側に嫌がられ、訪問が逆効果となる。したがって、訪問する際には、次のような点に気をつけるようにしたいものだ。

相手の「大切な時間」であることを忘れずに、用件は手短に話そう。

必ずアポイントをとる

あらかじめ、どのような用件で、どれくらいの時間を割いてもらいたいかを連絡し、了承を得ておく。飛び込みセールスのようなやり方もあるが、通常は、事前のアポイントがなければ、会ってはもらえないものと考えておきたい。

約束した時間を守る

約束した時間に遅れないように、五分前くらいを目途に着くようにする。また、用件は約束した時間の中で終えるようにし、終わらないときは、相手の都合に合わせて延長するか、再度訪問するかを決める。相手が興味を持って話が弾み、予定の時間がオーバーすることもあるが、この場合には流れにしたがってよい。

ただし、予定時間をオーバーして会ってもらったことには、感謝の言葉を述べよう。

用件は手短かにすます

アポイントをとった際に用件の概要は、伝えてあるはずなので、それに沿った形で手短かに、かつ、もれなく話し合い、結論を得るようにする。

訪問するのに先立ち、用件チェックリストをつくっておき、確認しながら話を進めるのも工夫の一つである。

謙虚な態度を保持する

自分の立場を相手に押しつけるような態度、一方的に話し、相手の話は軽く受け流すような態度、遠慮のない態度などを堅く戒める。直接の訪問相手ではない受付担当者などにも、謙虚な態度を崩さない。

仕事はすべて整理・整頓から始まる

たいしたものはつくれないが、必要に迫られると食事の支度をすることもある。結構、創造意欲を刺激されて楽しい。家族にしつこく料理のできばえや味の批評を求めてひんしゅくを買うこともしばしばである。買い置きの材料や調理道具はその方面のプロである妻が管理しているから、使いやすいところに保管されており、自然に何気なく取り出して使ってしまう。

問題は片づけで、食後の片づけをどのようにすればよいのかに苦労する。洗った皿や道具をどのようにしまって置けばよいのかが、よくわからないのである。取り出すときによく見ていないこともあるが、いざ、しまおうとすると、きちんと納まらないことが多い。狭い食器戸棚や棚にきちんと納まって、次に取り出しやすいというのが理想だが、なかなか理想どおりにはいかないのが現実である。

職場の整理・整頓も、基本はこのあるべき場所に物がきちんと納まっており、次の仕事の段取りがしやすいというところにある。一日の仕事を終えて帰るときには、自分の周囲をきちんと片づけるとともに、翌日の仕事がすぐに始められるように、工夫して整理しておくことが大

次の仕事に取りかかりやすいように整理整頓し、精神的な切れ目もつくり出そう。

切である。

一番よいのは、片づけることなくそのまま帰り、翌日すぐに続きの作業に入ることかもしれない。しかし、これは精神的に切れ目がなく、かえって疲労感がたまっていく。日々の仕事はきちんと区切りをつけ、新鮮な感じでスタートしてこそ能率も上がるというものだ。単調な仕事であればあるほど、このようなけじめは必要である。

ときには、会議の場所から、または出先から、同僚などに書類の場所を指定して処理を頼むことがある。整理・整頓がよい場合には短時間で書類が特定でき、能率よく仕事が進むが、普段の心がけが悪いと自分の目で確かめない限り何がどこにあるのかもわからず、離れた場所から仕事を進めることがむずかしくなる。整理・整頓は、組織的に効率よく仕事を進めていく秘訣でもある。

人事異動があり職場を変わることになって、身辺を整理し、引き継ぐべきものと廃棄すべきものを区分けしてみると、廃棄してもよいものの多いことに驚かされる。日ごろ、いかに整理しないで書類や資料などをため込んできたかを実感させられ、反省させられる。身辺を常に整理・整頓し、身軽で行動力に富んだビジネスパーソンとなることを目指してほしい。

第6章

仕事の基本的な進め方

課題をやり遂げる行動力を磨く

目標は達成してこそ意味がある

今は成人した息子が遊びざかりのころ、学校から帰ってくるや、カバンを放り出し遊びにいってしまうか、ゲームに熱中する。夕食がすむと、家族とともにテレビを見る。そのころから、宿題に取りかかりだし、眠気と闘いながらの苦行となる。「今日は○○ページまでやらなければならない」とか、「計算が終わったら、漢字の書き取りだ」などとやっている。

いつもこのパターンなので、大先輩である親は「宿題などは、学校から帰ってきたらすぐにやってしまえ」としばしば忠告するが、なかなか改まらない。日々の宿題は無限ではない。しかし、子どもにとってはやらないですませることはできない。到達目標のある義務である。宿題をやっても直接に経済的な報酬が得られるわけではないが、まあ一種の仕事と言ってよいだろう。

会社での仕事とは、一人ひとりに、または部や課などの集団に与えられた目標の達成であり、社員としての義務である。目標は上司から与えられることが多いが、自分が参画して設定したり、自ら申告して設定する場合もある。

目標とは何だろう。目的や戦略と目標とはどう違うのだろう。目的や戦略を実現するために

目標を具体化しよう

＜目標＞

◇売り出し時期＝来年３月上旬

・最初の四半期で5,000万円

・年間で２億円

＜計画＞

◇売り出しに向けたキャンペーンを行なう

・10月から首都圏で

・年明け１月には全国で

◇消費者の購買意欲を盛り上げるキャンペーンの方法

・テレビＣＭ

・ラジオＣＭ

・地下鉄・ＪＲの車内広告…

は、具体的に砕いた活動目標がいる。たとえば、来年の春に、現在開発中の新商品を効果的に売り出そう、という戦略を立てたとする。これだけでは、いつ、どれだけの売上げを目指すのかがわからない。そこで売出し時期や四半期・年間の売上げを具体化する。これが目標である。

　上記のように所要経費、所要人員も含めて目標達成に向けた手順を決めていくのが、計画の立案ということになる。（何を、いつまでに実現しなければならないか）という目標を、常に意識して行動することが大切である。

　組織活動では、一部のセクションで目標が達成できなければ、全体の活動が影響を受けてしまうこともある。受け持った目標を計画にしたがってきちんと達成していくことを、仕事の基本と考えてほしい。

「最初の一歩」は仕事の掌握から

どんな仕事でも、仕事は一人ではできない。新人時代はまず、基本を押さえ、人と仕事をすることを覚えよう。では、新入社員の基本的な仕事とは何だろうか。

新入社員の仕事は、かつて「そろばん、ガリ版、電話番」と言われた。調子のよい語呂合わせであるが、実態を表わしてもいた。最初は、数字が並んだ表の縦・横を合計したり、合計に対する個別の数値の比率を計算したりさせられる。これはパソコンもなく、「そろばん」だった時代から変わらない。コピー機がない時代は「ガリ版」とも呼ばれた複写手段を使った。そして、配属された課では、まず、かかってきた電話に出て、外部の人と先輩のベテラン社員との取り次ぎをすることを指示された。かかってきた電話の内容に責任を持って答えられるようになるまでは、単なる「電話番」だったのである。

仕事用の携帯電話が個々人に支給されるような時代に変わっても、やはり固定電話の役割はある。そう考えれば、新入社員の仕事の質はそれほど変わってはいないと思う。いくつかのパターンに分けて説明してみよう。

! 新入社員の仕事には、文書の作成や整理、電話対応、データ入力や調べものなどがある。

受付・取り次ぎ・応対・苦情対応　訪問者の用件の確認。かかってきた電話の取り次ぎや簡単な用件に限っての応対。苦情を聞き、担当者に連絡し、検討を依頼し、結果を受けて苦情を寄せた相手にその結果を連絡する。

作文・起案・清書・文書管理　上司の指示に基づいて、報告文や説明文を書く。企画や決定に関係する文書を作成し、稟議書の形にする。上司がつくった下書きに基づき、文書を清書し、パソコン入力する。また、外部から受けた文書を受け付け、複写、回覧などの処理をし、分類整理して保存する。発信文書などの作成文書についても同様に分類整理して保存する。

計算・データ打込み　報告や会議へ提出するための資料づくりとして、集計や簡単な分析を行ない、また、データベース用にパソコンで入力を行なう。

折衝・調整　担当者の一員として、上司の指示の下に他のセクションの関係者や外部の人と打合わせを行なったり、折衝したり、意見の違いを調整する。

企画・調査　上司の指示により新しい業務の企画案をつくる。また、上司や先輩などと一緒に大きな企画を立てる作業を行なう。これらの企画を行なうにあたって、上司や先輩の指示により、必要な調査を行なう。調査の具体的内容は細かに指示されたり、調査を担当する者に委ねられたりする。

仕事は「PDCAサイクル」で動かせ

組織的な活動で仕事を管理するのは部長、課長、所長などの管理者の役割であるが、組織の一員である新入社員も、そのアウトラインを知っていると仕事に慣れるのも早く、何かと便利である。上司の指示・命令の意味も理解しやすい。

仕事の動きには一定のパターンがあり、そのパターンに沿って仕事の管理も考えられている。ある目標を達成するためには、具体的な活動を計画し、実行し、途中経過や結果をチェックし、問題があれば修正する（PDCAサイクルと呼ぶ）――という一連の動きが、そのパターンである。

計画　目標を達成するためには、いつまでに、どのような手順で、誰が中心となってどのような活動を行ない、そのためにはどれだけの経費を見込み、どのような問題を想定してどう対応することにするか、などを決めておく。新人といえども、自分も当事者という意識で考え、意見を出す積極性が必要である。

実行　計画にしたがって実際に活動する。目標を見失わないこと、全体の動きと連携し

仕事の区切りや年度ごとに繰り返されるパターンを「マネジメントサイクル」と言う。

「マネジメントサイクル」とは何か？

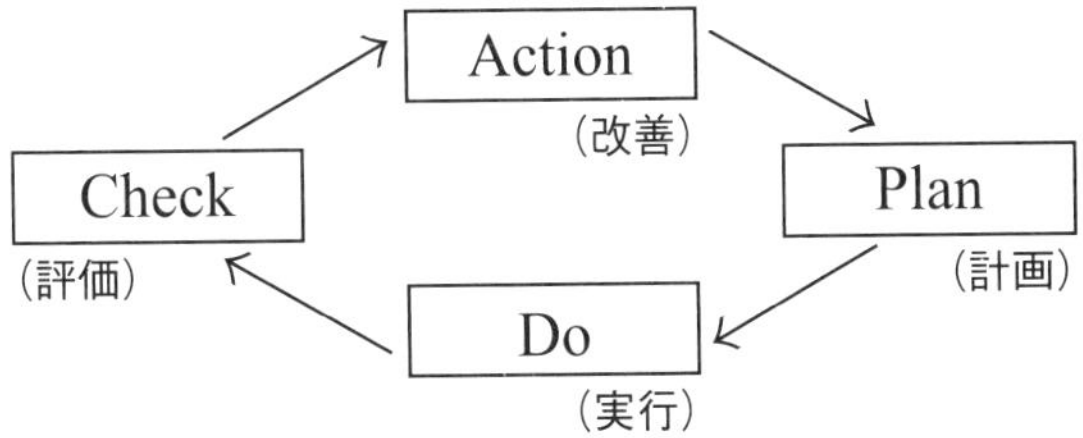

た行動をとること、状況によっては、上司に報告や相談を行ない臨機の措置をとること、創意工夫してコストの節減を図ることなどの心構えを持ってあたることが大切である。

チェック

計画に照らして活動状況を点検し、順調に進んでいるか、問題はないかなどの評価をする。管理者の仕事の中心となる段階であるが、実際に活動する部下などの状況に関する適時、適切な報告がなければ、チェックは不可能である。部下の立場でも常時チェックし、適切な報告を心がけることが大切である。

修正

計画に沿って順調に進んでいる場合はよいが、何かのネックがありうまく動いていないという場合には、人手を増やす、経費を増す、期日をずらす、目標値を下げるなどの対応策をとっていかなければならなくなる。

また、状況が予想以上によいときには、逆の措置も考えられる。最小の投資で計画どおりの成果をあげていくという基本姿勢を大切にして考えていくとよい。

次の計画へ

「創意工夫」は仕事の流儀と心がけよ

新入社員にまず求められるのは、ビジネスの基本を身につけることである。組織的な活動のしくみや手続き、組織人としての服務規律、自分が扱う商品知識、社内外の関係する人びと、活動目標……これらを知らなければ、ビジネスの現場に出ても右往左往するばかりで、到底戦力にはなり得ないだろう。

基本を身につければ、上司の指示・命令のままにソツなく行動することはできる。しかし、それだけでは「有能なビジネスパーソン」という評価を得ることはできない。ビジネスパーソンには、基本を踏まえた応用実践力が求められるのである。上司の意を受けて自分なりに考え、工夫し、よりよい成果をあげていく姿勢を持つことが大切である。

当面、考えておくべきことは、自分が担当する仕事をよく研究し、改善の工夫をしていくということである。そのための、いくつかのポイントを紹介してみよう。

早く 「時は金なり」で、時間は重要な経営資源であるという認識が広がってきている。

仕事を合理化し、できるだけ短時間で同じ成果をあげられるように工夫する。

安く 仕事にかかる経費をいかに少なくするかという観点から考える。時間のコスト、人件費などは見えにくいから注意する。

また、一時的には経費は増えるが長期的にはコストが減るということもあるので、評価のしかたも研究し、妥当な改善を図るように努力する。

正確に パソコンの普及によって、計算事務の迅速性や正確性は飛躍的に高まった。しかし、経営判断にとってどこまで正確であればよいかという視点も必要である。

コンピュータに全面的に頼ることなく、目的に合うレベルの正確さを追求し、そのための簡略な方法を工夫していくことが大切である。

楽に 時間と労力がかからない方法を工夫する。人手をできるだけかけず、労働時間を短縮する。これからの企業活動にとっては、この工夫の重要性はますます増してきている。

きれいに、美しく たとえば、文書をワープロで作成する場合に、文書のレイアウト、文字の大きさ、印字の鮮明さに注意するなど、読みやすく、見た目に美しく仕上げる。

基本を踏まえた上で、自分が担当する仕事をよく研究し、仕事の質を上げていこう。!

「会社の考え」を目標から読み解こう

ビジネス活動は、いつまでに(達成期日)、どのようなことを(達成金額、製造量、販売量、実現水準など)実現するか、という目標の達成のために行なわれる。

目標は、通常、部門の管理者によって立てられ、経営会議などで議論され、調整されて確定されることになるが、自分に関係のない雲の上で決められると思うのでは、決められた目標を達成しようという意欲もわかないだろう。目標がどのような要因に基づいて決められるのかという原則を知っておくと、目標が示されたときに、その意味が理解できて有益である。

目標は、一般的に次のようなことを参考に決められる。

組織目的、幹部の方針 会社のあらゆる活動は、組織目的の実現に結びついていなければならない。その時どきの目標立案にあたっては、会長、社長、専務などの最高幹部の問題意識や状況判断が重視されるのが例である。折々の幹部の発言を注意深く聞くように努めていくと、状況が理解しやすい。

長期的な見通し　国の経済政策や国際通貨価格の動き、市場の購買傾向や同業他社の動きなどに注目し、ある程度の先を読みながら目標は立てられる。新聞を注意深く読み、経済雑誌などを研究すると、将来的な見通しを持つことができ、目標の意味も理解しやすくなる。

↓

情報の収集と整理　公開の情報を信頼するのはよいが、生きたナマの情報も重要である。まだ形をなさない状況の芽が含まれていることが多いからである。

これを軽視すると、特に短期の目標設定などの場合に、その意味を理解することができない。日ごろから、生きた情報が持てるよう、人脈や固有の情報源をつくる努力が必要である。また、得られた情報は、すぐに引き出せて活用できる形に、整理しておくことも大切である。

↓

関係者の意見　関連する部課の意見も参考とされることが多い。この場合、新入社員であっても、実施部課の一員として意見を述べる機会があるかもしれない。きちんとした見通しを持って意見を述べ、目標形成に参画することが大切である。

↓

具体化で達成可能　抽象的な目標では達成の目途は立たない。また、組織的な活動では、多少の無理はともなっても実現可能との見通しも大切な条件である。

目標には組織の合意と客観的情報を組み込むことが大切だ。

目標達成するための青写真が計画だ

目標を具体的に達成していくための段取りが、計画である。計画は、実際に活動を担当する部や課で作成される。目標を達成するための手段や方法、投資額、人手、考えられる障害に対する対応策などを盛り込み、時系列に記述していく。

計画は、実施にたずさわる人たちのそれぞれの立場で見るのに便利なように、全体計画・年度計画・四半期計画・月間計画・週間計画などの形にまとめられる。もちろん、週間計画のような短期計画は詳細に、全体計画のような長期計画は、おおまかに記述される。

計画は実際に活動するビジネスパーソンの行動を規制する性質があるから、その策定にあたっては慎重さが要求される。計画は確定したが、それに基づいて実際に行動できないというのでは何にもならない。

したがって、計画の策定には、その計画の実施にかかわるメンバーすべてが参画することが多い。新入社員としても、計画策定のポイントを知っておくのはムダではないだろう。

計画を立てるときには、情報を集め、案を比較検討し、問題への対応策を考え、周知を図ろう。

関連する情報をもとに検討して、いくつかの案を考える

計画は、今後の活動のしかたを決めるものであるから、ある程度先を見通した予測を含んでいる。したがって、状況が変わらない場合、変わる場合などの様々な想定に応じたいくつかの案を考えておく必要がある。

先を読むための情報、案を選択する際の評価基準などを持つことが必要である。

効果・実現可能性・緊急度から最適な案を選ぶ

計画案のうち、どれを実施するかは、実施した場合の予測効果、実現のしやすさ、緊急性などの視点から評価して決める。実施環境の評価力も問われることになる。

どのような問題や制約があるかをあらかじめ検討し、対応策を考える

選んだ計画を実施した場合に考えられる問題や制約条件を検討し、対応策を考えておく。実際に予想しなかった問題が起きたり制約が明らかになったときには、管理者を中心に対応を考える。

周辺の関係者への周知を図る

計画を円滑に実施するために、周辺の関係のある部門やセクションの人びとに周知する。「根回し」とも呼ばれているが、組織的な活動を円滑に進めていくためには、意外に重要なことである。

仕事の出来はチェックの質で決まる

仕事を進めているときには、常に、達成すべき目標を念頭に置くとともに、計画どおりに順調に進んでいるかどうかを、常時、確かめていくことが大切である。

上司は、計画に基づき部下に仕事を割り当て、その確実な実行を指示・命令する。仕事を割り当てられたということは、実施責任の範囲を明示されたことである。その仕事に関しては、まず、割り当てられた部下が実施とその結果責任を負うことになる。実施の状況をチェックし、その結果を報告するなど上司との連絡を密にし、計画どおりに仕事が順調に進むように工夫していこう。

仕事を進めている中では、次のような点に注意する。

計画とのズレはないか 最も注意しなければならないのは、計画どおりに仕事が進まないという事態である。仕事の計画は自分への割り当て部分だけで構成されているわけではなく、他のメンバーの割り当て部分とも関連している。自分の割り当て部分での停滞が全体の仕事の成果にどれだけ影響するかを考え、計画とズレを生じてきたという徴候が見られたときは、迅速に上司に報告する必要がある。

予測した状況に変化はないか　計画策定の段階で予測した状況のとおりであれば、進み具合に多少の停滞が見られても、対応はしやすい。しかし、予測を越えて状況が大きく変化するときには、計画そのものの推進がよいかどうかという問題を生じてしまう。もしも、予測と違うような状況の変化が見られたときには、やはり迅速に上司に報告し、指示を仰ぐことである。

思ったような成果があがっているか　最終的に目標を達成することができるかどうかは、経験を積めば途中段階で予想することができるようになるが、そのためには、若いうちから実施途中の状況を把握し、途中の成果を評価していく努力を重ねていくことが必要である。

苦情はないか　社内外の関係者から苦情が出るということは、計画に無理があるか、実施のしかたに問題があるかのいずれかである。原因が自分個人にあるときは改め、計画自体にあるときは上司に苦情の内容を報告して対応を相談する。

苦情への対応のしかたは関係者から注目されている、という意識が大切である。

「問題は何か」を考慮する力を磨け

仕事が計画どおりに順調に進まないときには、計画の実施を妨げる何らかの障害がある。その障害と障害が生じた原因を調べ、適切な対応策を実施して計画が順調に進むようにしなければならない。この一連の作業を「問題解決」と言う。

ビジネスパーソンとしての仕事の内容は、そのほとんどが目標とした成果を得るための問題解決であると言える。したがって、問題解決力を持つこと、その能力を高めることは、新人をはじめビジネスパーソンにとって大切なことである。

問題解決力を持つには、どうすればよいだろうか。また、その能力を高めるためには、どうすればよいだろうか。人により方法は異なるだろうが、次のようなことがポイントであると言えよう。

夢や見通しを持つ　問題とは、あるべき姿と現実とのズレである。したがって、まず、あるべき姿を考える力が必要である。仕事で言えば、目標がこれにあたる。仕事を離れて考えれば、夢とかロマンと言われるようなものも含まれる。そして、ズレを予期し適切な対策を講じるためには、現在の状況が時間の経過とともにどのようになっていくか、何が生じてくるかを予測する力も必要である。

自主性、主体性を持つ　問題があっても〝上司が考えてくれるだろう〟〝誰かが解決するだろう〟という「他人任せ」の姿勢では、問題解決能力は身につかない。自分の仕事に生ずる問題は自分の問題であると考え、自分の手で解決するという主体的な気概を持つことが必要である。そのような前向きの努力をしつつ、豊富な経験を持つ上司の助力を得て、ともに解決にあたるとよい。

解決の手順を知る　問題の解決には、基本的な手順がある。これをあらかじめ知っていると、むだな試行錯誤をすることなく問題を解決することができる。問題解決の手順は、通常、①問題の認識、②原因の把握、③解決策の検討、④解決策の評価、⑤解決策の決定、⑥解決策の実施、⑦実施後の反省、となる。

この手順のうち最も重要なのは、最初の「問題の認識」である。日ごろから仕事の動きを把握し、どうあるべきか、いかにすべきかという自問自答を重ねていってほしい。それが、問題を素早くつかむ力につながっていくに違いない。

計画実施を妨げる障害がある場合は、適切な対応策を実施し、あるべき姿を追求しよう。

苦情はビジネスの貴重な情報源だ

仕事を進めていく過程では、担当者に様々な苦情が寄せられるだろう。中には、自分の担当する仕事ではないのに、苦情を言われることがあるかもしれない。それを煩わしいと思ったり、何で自分が苦情を言われなければならないのかと憤慨し、無責任に放置するようでは、ビジネスパーソン失格である。処理は、責任を持ってきちんと行なうことが大切だ。

苦情は、ビジネスに関する貴重な情報源だ。商品に関する苦情なら新しい製品開発のヒントとなるし、仕事の進め方に関する苦情なら仕事の計画のしかたや組織の改革のヒントとなる。顧客に対する応対に関する苦情なら、社員教育や職場風土の改善のヒントとなるだろう。苦情には組織活動に有用な様々なヒントが豊富に含まれていると考えよう。

苦情の持つ意味を、少しくわしく考えてみよう。

問題の所在がわかる　組織的に動いた結果であるから間違いないと思われることにも、どこかに問題がある可能性がある。苦情は、その問題箇所を教えてくれる。

人間的な信頼関係が生まれる

苦情を真剣に受け止め、誠実に処理することができれば、その人との間に人間的な信頼関係が築かれる。一人の信頼を得ることは、その人を通じて多くの人びとの信頼を得ることにもつながる。

会社の代表としての自覚が生まれる

苦情は、担当者を通じて会社に対して寄せられているのである。担当者は、会社を代表して解決にあたることになる。

関係者を知ることができる

苦情の内容は、自分のミスや担当する仕事の問題ではないかもしれない。苦情の原因を探っていく中で、どのような部課、どのような人びとが関わっているのかがわかり、社内事情が見えてくる。

説明力がつく

苦情の内容を関係者に、処理の内容を苦情を言ってきた人に、それぞれ要領よく説明していくことによって、プレゼンテーション能力が高まる。

仕事についての知識の幅が広がる

苦情の対応には、具体的な仕事の知識が必要になる。苦情対応の方向を探る中で、仕事についての知識の幅が広がり、深みが増す。

苦情の対応にあたっては、誠実に、苦情を述べた本人に対してきちんとした結果の報告を行なうとともに、その苦情を寄せてくれた人に感謝の気持ちを持つことが大切である。上手に対応できれば、あなたの貴重な人脈ともなってくれよう。

苦情にはビジネスに関する重要な改善やチャンスに結びつくヒントが多く含まれている。

仕事が終わったら、すぐに次の仕事に移るべき?

仕事は最終評価が下るまでワンセット

計画の達成目標期日になったら、「計画どおり目標が達成できたか」「実施の過程で問題はなかったか」「次の仕事に活かせる経験は何か」などの検討を行ない、計画に沿った総括を行なう。この検討を、仕事の最終評価という。

仕事の評価は、計画実施の途中においても随時行なわれ、必要があれば計画を修正するなどの措置がとられる。しかし、仕事を進めながらの評価では、落ち着いた検討を行なうことはむずかしく、また、時間的余裕もないままに即断即決しなければならない場合も多い。実行のあとを振り返り、計画全般を通じた評価を行なうことは、組織的な活動をよりよいものに改善していく上で大切なことである。

最終評価は、次のような点について行なう。

予測した成果があがったか 最終的に目標が達成できたかどうかということで、最も重要な検討項目である。計画がスムーズに実行され、予測した以上の成果をあげたような場合には、単に目標達成を喜ぶだけでなく、なぜ予測を超えるような成果が得られたのかも分析する。

予測できなかった問題はなかったか

計画策定の際に予測できなかった問題は生じなかったか。もし、生じた場合には、その原因は何かを十分に突きつめる。組織活動においては、問題を事前に予測し、それに対する対策をあらかじめ講じておくことが大切である。問題の予測には、過去の同種の経験が役に立つ。仕事の経過を有益な経験としていく姿勢が必要である。

目標をどれだけ上回ったか

目標が達成されない場合には、その原因を必死になって探るが、目標がスムーズに達成されたような場合には、検討が甘くなりがちである。「計画策定時の見通しが確かであった、問題の予測が的確であり対策が万全だった、目標達成への意欲が高かった」などの原因を把握し、今後の計画策定に反映させていくことが重要である。

最終評価を行なったら、その過程で得た様々なヒントを、次の新たな計画に活かしていく。次の仕事の計画や進め方を考える際に実施の前例があると助かるのは、この理由からである。前例から学びながら、仕事をよりよく改善していくことが大切である。

上司が依頼する仕事は「指示」だと思え

組織活動においては、部下は、上司の職務上の指示・命令にしたがわなければならないものとされている。各メンバーの活動を、組織全体の動きに有機的に結びつけていくためである。

ところで、上司の指示のしかたは様々である。うっかり聞いていると、指示を受けたのかどうかよくわからないで過ごしてしまい、あとで悔やむことにもなりかねない。上司の職務上の指示は組織の秩序維持に結びついてもいるから、指示にしたがわなかったり、違反した行為には、懲戒解雇を含む処分が行なわれることもあり得る。注意が肝要である。

上司は、一般に「指示・命令」という強い響きを持つ言葉を用いない。「○○さん。これを二時までにやっておいてくれませんか」という依頼の形をとる。あるいは「誰か、××支社に電話して、販売実績を確めておいてくれ」と自主的な行動を期待する形をとる。上司がそう言って部屋を出ていってしまったら、その場にいる部下たちは、誰がということは別にして、上司からの指示を受けたと考え、行動しなければならない。

上司の話を聞くときには、いつ指示されるかわからないから、次のような心構えをしておくとよい。

メモを持って　上司が繰り返し述べたり、強調したり、ゆっくりと話したりした箇所はメモしながら聞くようにする。指示・命令の内容と考えられるときは、印をつけておく。上司の話が終わったら、メモを見ながら概略を復唱し、やらなければならないことを確認する。

5W1Hのチェックを　指示・命令は、自分の行動に関することであるから、できるだけ明確である必要がある。5W1Hのチェックを常に心がけながら聞くと、間違いが少なく、あとであわてなくてすむ。5Wとは、WHAT（何を）、WHERE（どこで）、WHO（誰に）、WHEN（いつ）、WHY（なぜ）であり、1Hとは、HOW（どのように）である。細かな点は別として、大筋はこのチェックで押さえることができる。

確認して　指示・命令であることがわかったら、早合点して間違ったことをしないよう、その内容をよく確認する。

留意すべきことは何かを聞く　指示・命令を実行するにあたって、とくに留意しなければならないことがあるかどうかを確認する。

指示は単に聞くのではなく、要点をメモし、内容を十分に確認しよう。

報告には5W1Hを組み込む

仕事の状況や結果を上司に報告することは、組織活動にとって重要なことである。部下は、①仕事が終了したとき、②仕事に区切りがついたとき、または見通しがついたとき、③計画の変更を余儀なくされたとき、④仕事に影響がありそうな情報を入手したときなどは、速やかに上司に報告するように心がけなければならない。

報告の形には、口頭による場合と文書による場合とがある。正式な報告は文書によって行なうのが原則だが、次のようなときには、口頭で報告したほうがよい場合が多い。

簡単な内容の報告のとき 報告は、随時、タイミングよく行なうのがよい。報告する内容が簡単なのに、わざわざ時間をかけて文書を作成する必要はない。

緊急な内容のとき 内容が即断を要するものである場合など、緊急性が高いときは、まず、口頭で報告し、上司の指示を仰ぐ。内容が重要なものである場合は、そのあとで文書の形に整えればよい。

一過性の問題のとき

問題が特殊な状況の下で起きており、後々に影響を持たないようなものである場合には、口頭で報告するに止めてもよい。

口頭による報告のしかたとしては、次の点に留意して行なうとよい。

状況、問題、結論、事実、予測、判断の順序で

簡単な内容の報告であれば、適宜、省略して差し支えないが、一般には、まずどのような状況になっているかという全体状況の説明を行ない、次にこのような問題があるという問題意識を述べ、その問題についてはこうしたい、またはこのように考えられるという結論を述べ、理由を、①確認された事実、②このまま推移した場合の予測、③判断およびその根拠、の順序で述べていくとわかりやすい。ただし、状況の説明は冗長になりやすく、時間をとりやすい。

相手が承知していると考えられるものは極力省く、状況が複雑なときには詳細は後で説明すると断って先に進む、などの工夫が必要。

事実は5W1Hで

確認された事実を述べる場合には、指示の受け方の項で述べた5W1Hのチェックに沿って話すと、相手も理解しやすい。活用するとよいだろう。

メモを持って

口頭で要領よく報告するには、ポイントをメモして行なうとよい。メモは、自分だけが読めればよいと割り切って、要点だけ書くのがコツである。

口頭での伝達は、状況、問題点、結論と順序だてて行なおう。

正式な報告は文書化せよ

正規の報告は、文書によるのが原則である。文書には、口頭による場合に比べて様々な利点があるからだ。第一に、記録性である。文書になっていれば、誰でも、いつでも、何回でも見ることができる。第二に、データを豊富につけることができるので、信頼度が増し、多角的に報告内容を検討することができる。また、内容別に整理して保存することにより、多くの情報を集積していくこともできる。

文書による報告がよい場合としては、①複雑な内容の報告をするとき、②正確性を要求されているとき、③時間的に余裕があるとき、④後々に影響を持つ内容であるとき、⑤関係者が多数いるとき、などが考えられる。

文書による報告のしかたとしては、次のような点に留意するとよい。

枚数は少なく簡潔に　報告は、できるだけ素早く内容が把握できるように書くことが大切である。記述は簡潔に、要領よく、箇条書きで書くようにする。また、資料は別添の形とし、本文はできるだけ一枚の用紙に収めるように努める。

状況、結論、事実、予測、判断の順序で

口頭による報告の場合と同じである。

事実は5W1Hを活用して

口頭による報告の場合と同じである。

図や表、写真など視覚にも訴えて

文書による報告の場合には、事実の説明や予測に資する図や表をつけることができるから、関係のある図や表を添付して説得性を高めるとよい。ただし、その選定は必要最少限のものとするようにし、統計を使う場合には数値の羅列は避けてグラフ化するようにする。

事故の報告などの場合には、写真を活用することも、現場の状況を正確に伝えることができて有効である。ただし、同じような写真が多数あると、インパクトが薄くなることもあるから、これだけは見てほしいというものに限ってつける工夫も必要。

タイミングよく

文書で報告するときには、必要と思われる資料を集めたり、文章をまとめたり練ったりするために、どうしても時間がかかってしまいやすい。その結果、報告のタイミングを失してしまうことも起きるが、これでは本末転倒である。

文章は、書く訓練を積み重ねていけば、次第に上達する。最初は稚拙でも、タイミングを重視して提出したほうがよい。

視覚に訴える文書で報告することで、相手に伝わりやすくなる。

プロとしての気迫は態度に表れる

新入社員といえども、給料という対価を得て働くプロである。その働き方や働きぶりには、それなりにプロとしての誇りがあってよいだろう。

まずは、上司から見て、信頼される部下であってほしいものである。どのような態度や姿勢を持つ部下が、上司の信頼を得るのだろうか。

礼儀正しく、規律を重んじる態度

人間的に信頼できるかどうかは、礼儀をわきまえているかどうか、規律をきちんと守れるかという点から判断されやすい。仕事さえ立派にやればよいだろうと、礼儀や規律を軽視していると、周りの人たちから相手にされなくなり、結局、仕事もスムーズに運ばなくなってしまう。

上司や関係者の話を傾聴する態度

ビジネスパーソンは、仕事にかかわる人たちと様々な会話をする。とくに、上司とは、日常的に仕事を通じて様々な会話を交わす機会が多い。

新人には、上司は早く一人前になってほしいという気持ちがあるから、熱心に様々な話を聞かせようとする。このような話をいい加減に聞いたり、最後まで聞かずに早合点して行動するようでは信頼されない。周囲の人びとの話を身を入れて聞く傾聴の姿勢が好まれる。

職場の和を乱さない行動　職場は、目標を共有するチームである。したがって、チーム・ワークの基盤としてのよい人間関係が重視される。しかし、このチームには、個人的な好みで参加することも、そこから勝手に抜け出ることもできない。一人ひとりがエゴを慎まなければ、職場の和は保てない。この意味で、職場の和の維持に努め、和を乱さないように行動する部下は、上司から信頼される。

迅速な行動力と結果の報告　よく考えずに行動する部下は、軽薄に映る。考えすぎてなかなか行動しない部下は鈍重と思われる。よく考え、的確にスピーディに仕事を片づけていく行動力。その結果を簡潔に、明確に、報告する確かさ。上司の部下に対する信頼は、この繰り返しから生まれる。

責任を持って仕事を処理する姿勢　何よりも、担当する仕事に責任を持ち、きちんと実行していく姿勢を持つことである。指示・命令されたことは、確実に果たす。さらに、目標は必ず達成するという積極性が見られれば、上司は信頼してくれるだろう。

6

上司からの信頼は誠実な態度をとることで得られる。

上司の話は「一人立ちの準備」として聞く

新入社員には、上司から仕事の内容についてのくわしい説明が行なわれ、最初のうちは、指示や命令を与えるときもその意味や実行のしかたを教えてくれるだろう。新人は入社して間がなく、職場での経験もないから、仕事の内容を即座には理解しにくく、また、その進め方のノウハウもないと見られているからである。

上司としては、目標だけを与えて「さあ、やってみろ」と突き放すわけにはいかないのだ。手取り足取りでていねいに仕事を教えていくのである。

しかし、そのような懇切ていねいな待遇も、職場や仕事に馴れるまでの間だけである。通常二~三か月も経てば、上司や周囲の仲間から一人前のビジネスパーソン扱いをされると考えておいたほうがよい。

上司からの指示・命令や仕事の説明は次第に簡略になっていき、それにともなって、経過についてのチェックが厳しく行なわれ、報告は詳細に求められるようになる。その変わりようを恨んでみてもしかたがない。職場の一員として一人前と認められ、また、戦力としての期待が高まってきた証拠と考えれば、むしろ喜ぶべきことなのだ。

そうは言っても、単純に喜んでばかりもいられない。次第に高まる上司や諸先輩の期待に応え、次第に重くなってくる責任を果たしていかなければならない。どのように行動すべきかに悩む時期でもある。ビジネスパーソンとしての人生、最初の曲がり角と言えよう。

上司から指示・命令を受けたとき、自分が処理することとなる仕事はどのような意味を持っているのかを、よく考えてみよう。

たとえば、職場が一つのプロジェクトを組む形であり、その一部を受け持っているのか、また、そのプロジェクトは全社的な動きと連動しているのかどうか、指示された数値を算出すればすんでしまう一過性の仕事なのか、定例的なもので周期的にこなしていかなければならない仕事なのか、などである。

当初の懇切ていねいな上司の指示・命令や仕事の内容についての説明を注意深く聞いていれば、このようなことを一人で考えるときにも役に立つ。考えながら仕事をする姿勢は、経験の多少にかかわらず必要である。

ただし、「考える」とはいっても、机に向かってただぼーっとしている状態は避けなければならない。手や体は活発に動き、同時に仕事の意味や処理の段取りを考えるという器用さも大切だ。


指示や説明をよく聞き、自分の仕事の意義や性質、関係者を把握しておこう。

頭を使うことで人は成長する

組織の「硬直化」や「官僚化」という言葉を聞いたことがあるだろう。通常それは、組織活動の中で、意思決定のしくみが複雑に入り組むようになり、手続きあるいは前例などが過度に重視され、軽快なフットワークがとれない状態を言う。

大きな組織であればあるほど組織全体の整合性が必要になるから、この状態に陥りやすく、「大企業病」とも呼ばれて、成熟段階にある企業の経営者はその防止に頭を痛めている。

新入社員が最初に教えられるのは、組織的な意思決定のしくみや手順である。また、上司や先輩に対する言葉づかいなどの接遇態度であり、同種案件に関する前例の重要さである。

とくに、総務部や経理部といった、いわゆる管理部門にその傾向が強い。管理部門は、組織的な活動を維持・継続させることが使命であるから、様々な約束事を決めて新入社員にはもちろんのこと、他の部門のメンバーに対しても厳格に守らせようとする。

約束事は次第に増え、緻密なものとなっていく。ついには、誰も覚えていられないほど増え、また、大ベテランと言われるような担当者でなければ全体的に説明できないような入り組んだものとなってしまう。目的はわからず、理由も定かではないが、規程として決まっているのだから、それにしたがって処理しなければならない、と多くの社員が考えたとき、組織の硬直化・官僚化は始まり、大企業病が進行し始めることになる。

大切なのは、決まっているからそのとおりにやる、ということではなく、なぜそう決まっているのかと自問し、納得できたことは身につけ、納得できない場合にはどうすればよいかと考え、工夫することである。こうしたほうがよい、という工夫がついたら、上司に対して積極的に提案していく。

会社をよくしていくのに、新人もベテランもない。誰もが、自分の抱いた疑問を述べ、その根拠を明示し、新たな方法を説明して提案することができるし、それを受け入れるような会社でなければ発展しない。

疑問は、新しい視点で従来からのやり方を見たときに生じやすい。まだ組織に馴れきっていない新人だからこそ、そのような視点を持つことができる。馴れないうちに大それた提案などできない、してはいけない、などと消極的に考えていては、会社の発展性はない。ダメでもともと割り切り、積極的に提案してみることだ。


会社のきまりの目的や理由の理解に努め、納得できない場合は工夫や提案をしよう。

6

「努力なくしてアイデアなし」と心がけよ

「人間は、考える葦である」とは、パスカルの有名な言葉だ。言葉の意味は、人は風にそよぐ葦に似た弱い存在である。しかし、その葦には、「考える」という特別な能力がある。これが人間の強みである、というものである。

誰にも、考える能力がある。長い学校時代の中で、我々はその能力に磨きをかけてきた。考えることに関しては、誰にも負けない、と考えている新人も多いことだろう。しかし、会社では、毎日どこかで上司が部下たちに、「少しはものを考えてほしい」などと、ハッパをかけていることを知っているだろうか。

考えているといっても、それが形に表わせなければ、考えたことにはならない。書く、話す、という形にまとめる必要がある。考える力があるといっても、それを形に表わして見せなければ、認めてはもらえない。考えたことを形にまとめる——これが大切である。

試しに、テーマを選び、考えたことを書いてみよう。様々な輝かしいアイデアが、浮かんでは消えていくだろう。これをつかまえて書く。頭の中にあるときには素晴らしいアイデアだと思ったのに、書こうとするとそれをなかなか表現できない。書いては消し、書いては消しを繰り返して、四苦八苦して書き上げたものを読み返してみると、いかにも陳腐なアイデアに思えてしまう。

実際に真剣にやれば大丈夫だ、と強がってみても、さて、そのときには上司に見せてもはかばかしい反応がない。このような経験は、多くの先輩がしていることだ。

このような経験を一度や二度したからといって、あきらめる必要はない。一瞬でも自分が素晴らしいアイデアだと思ったことは、誰が考えても素晴らしいアイデアかもしれないのだ。形として表現できなかったから、アイデアそのものの正当な評価が得られなかっただけかも知れない。

考えたことをまとめる力。思ったまま、感じたままを表現できる力。素直な自分の言葉で表わしたことが他の人にも理解されるような力。このような力を持ってこそ、自分のアイデアが仕事に反映していくことになる。あせることなく、よい文章を多く読み、話し方を研究しよう。努力なくして実りはないのだから……。

考えたことを形にまとめるためには、よい文章を多く読み、話し方を研究しよう。

機器操作ができてこそ一人前！

ＯＡ、ＩＴといった言葉に、誰も驚かないどころか、知っていて当然という時代となった。家庭の台所にも、ＩＨが普及してきた。この世には電子関連のローマ字があふれている。

職場を見れば、パソコンが必ずというほど設置され、一人一台も普通である。営業担当者に携帯電話や携帯情報端末を持たせる企業も珍しくない。そのうち、会社の机には様々な機能を持ったコンピュータが内蔵される時代がくるかもしれない。

最近では、小学生くらいの子どもでも当たり前のように携帯電話を持っている。友達との会話や、家族との連絡に使うことが多いようだ。会話だけでなく、メールの機能も利用されており、それが原因で子ども同士の殺人事件が起きたなどの物騒なニュースも記憶に新しい。便利な機器は、扱いを誤ると思わぬ事故や誤解の原因となる。ビジネスパーソンには、必須のアイテムである携帯電話の取り扱いにも、十分注意する必要があろう。

携帯電話には、それを持つ者がどこにいても、いつでも連絡がとれるという利点がある。反面、いつでも呼び出される危険もある。周囲に多数の人がいる公共の場や接客時には、電源を切ったり、マナーモードにして周囲や接客の相手に気を使わせないように配慮する必要がある。また、メールのやりとりでの連絡は、落ち着いた場所で行なうようにしたい。歩きながら操作している人は、画面に集中しているために周囲の人や車と接触する危険がある。

コンピュータなどの機器に習熟することは、これからのビジネスパーソンにとって必須の課題である。新しい機器、新しい機能が加速度的に開発され、導入されることを覚悟しておいたほうがよい。ハードウエアが変わらなくてもより便利なソフトが開発されてオフィスに導入されれば、従来とは異なったハード面の操作が必要になってくる。これらの事態に適応していくことも考えておかなければならない。

これからはますます、こうした機器を使い、一人で何役もこなしていくことを期待されるだろう。自分で内容を考え、コンピュータに打ち込み、プリントアウトし、コピーを取り、綴じ、配り、説明して歩く。担当する仕事は一から十まで独力でできて初めて一人前のビジネスパーソンとして扱われる。

「コスト意識」も仕事の技術に数えよ

わが国では、ある銘柄のビールを北海道で買っても、沖縄県で買っても、価格は同じである。ところが、外国に出てみると、国にもよるが、買う場所が違うと同じ銘柄でも価格が違う。生産地に近い場所では安いが、遠くなるにしたがって高くなる。運搬に要する費用が上乗せされるからだという。

わが国のビールの価格は、平均的な運搬経費も折り込みずみで決められるから、生産地で買おうが遠隔の地で買おうが、価格は変わらないしくみになっている。このようなしくみは、ビールに限らない。全国的に売り出そうとする商品は、一般にはどこで買っても価格に差がないようにされているのが、普通である。

このような価格の決め方は、どこに住んでいても同じ価格で商品を買うことができるという大きなメリットがある一方で、商品販売コストを意識させないという生活感覚を育てたのかもしれない。

仕事を進めていくときには、当然、コストがかかる。コストは、直接支払われる様々な経費だけではない。間接的に支払われる設備の原価償却費、消耗品費や仕事にたずさわる人びとの人件費なども含まれている。多くの人が実りのない企画会議で時間を空費すれば、人件費はもちろん、設備費、電気代、清掃費などがむだに使われたことになる。このように考え、ムダのない生産的な活動をしていくように努めていくことが「コスト意識を持った行動」である。

目に見え、肌で感じるコストは、気をつけて節減することができる。しかし、環境に溶け込んでいるコストを意識的に節減していくことは容易ではない。かつては「水と空気はタダ」という言葉があったが、最近では、水も空気も、有価の資源であると考えられるようになってきた。

身の周りを見回せば、仕事には様々なコストがかかっていることに気がつくだろう。必然的にかかるコストはやむを得ないが、最小にする努力が必要だ。意識して節減し、仕事の成果を大きくしていくように努める。

また、必要のないコストは除くように考えていく。ビジネス行動を計画的にムダなく行なうようにすれば、それだけでかなりのコスト減になる。無為に過ごせばムダな時間も、有効に使えば成果を生む。マイナスを転じてプラスにすることができるのだ。ビジネスパーソンとしてのプロ意識には、このコスト意識が大きな比重を占めていることを強調しておきたい。

仕事にかかる様々なコストを最小にし、逆に仕事の成果は大きくするプロ意識が大切だ。!

第7章

文書の知識

大切なことを伝える力を磨く

記録は「情報共有」手段だと考えよ

会社という組織の活動は、各セクションが全力を挙げて活動し、しかも、全体として統一性を持っていなければならない。そのためには、各セクションが勝手にバラバラな動きをすることがないようセクション間で必要なコミュニケーションが行なわれ、活動が調整されなければならない。この意味でコミュニケーションは、組織の神経作用とも言える重要なものだ。コミュニケーションの手段には、会議、電話、電子メール、文書の往復などの様々な形がある。

コミュニケーションの手段は、大別すれば、〝話す〟という方法と〝書く〟という方法の二様になる。口頭で、または電話などの機器を使って話す場合と、文書やメモのような形で行なう場合である。それぞれには長所と短所があるが、口頭による場合に比べ、文書によるコミュニケーションには、一般に次のような利点がある。

記録性 口頭の場合には、話した瞬間に言葉そのものは消えてしまい、当事者の記憶の他には残らない。文書であれば、書いた内容はそのままの形で残るから、その後も必要に応じて参照することができる。

保存性　言葉はICレコーダーなどの録音機器を使わなければ、保存することができない。あらかじめ内容を知り、前もって機器を用意しておかなければならない。人と話をするときには、そのような機器を用意していないのが普通である。

内容の軽重にかかわらず、メモという簡便な形であっても保存できるのは文書の大きな利点であろう。電磁記録であれば、多量の文書をコンパクトな記憶媒体に保存できるから、保存場所に苦労することも少ない。

瞬時の検索　文書は平面的である。新聞を読む場合を考えるとわかりやすいが、一覧して、全体の構成、内容のポイントをつかむことができる。重要な部分を見い出し、そこだけをよく読むのにも便利だ。パソコンで作成した文書なら、最初から読んでいかなくても、必要なキーワードを打ち込めばその部分を表示することができる。

これに対し、言葉は直線的なものであり、最初から順序よく聞いていなければ、必要な箇所を見出すことができない。敏速な情報の把握にも文書はすぐれていると言える。

限定周知　文書は、コピーして必要なメンバーに配付することにより、情報の範囲を限って確実に周知することができる。

書類としてまとめることで記録として保存でき、あとから検索するのにも役立つ。

ビジネス文書は三種類に分類できる

一口に文書と言っても、様々な内容、様々な形式のものがある。これをはいくつかに分類することができる。文書の種類によって、その保存の要否や保存期間などの取り扱いも異なってくるから、一般的な文書の種類を知っていると便利である。

また、自分の担当する仕事に関する文書の取り扱い、たとえば文書の配付、管理、保存などの事務の処理も適切に行ないやすくなる。

文書は、組織における活動時のコミュニケーションの一つの形であると同時に、過去の活動が記録された貴重な情報でもある。情報は、必要なときに素早く引き出すことができるように、日ごろから整理され、保存されていなければ役に立たない。この意味でも、適切な文書の分類・整理、管理、保存などの処理は重要である。

一般に、文書は社内文書、社外への発信文書、社外からの受け入れ文書の三つに大きく区分され、管理されている。これをさらに、内容に応じて分類することが多い。

社内文書 同一企業内で他の部門や部、課に宛てて発信される通知文書や連絡文書、会議議事録、稟議書、企画書、報告書など。会社の内部で文書を用いて行なわれるコミュニケーションの形態で、仕事の動きに深く関係している。社外へ宛てる文書でも、同一企業グループに属する会社に宛てて発信する場合は社内発信文書として位置づけている企業もある。

社外発信文書 会社の外の顧客、個人、会社、官公庁などに宛てて発信される通知、照会、回答、依頼、報告、連絡、あいさつ、宣伝などの文書。

受け入れ文書 会社の外から送られてくる様々な文書である。社外発信文書と対応する。受け入れ文書には、回答を要するものと回答を要しないものがある。単なるあいさつ、連絡、宣伝、照会に対する回答には、回答を要しない。

ただし、あいさつについては、答礼のあいさつを送るのが適当であったり、就任あいさつに加えて披露パーティへの案内などがあり、出欠の回答を期待されている場合があるから、よく読むことが必要である。照会や依頼には、回答文書を発信しなければならない。また、通知文書には様々な内容が含まれており、回答が必要かどうかは内容に即して考えなければならないから、慎重に読むことが大切である。

一般的な文書の種類を押さえ、文書の配布・管理・保存の事務処理を円滑にしよう。

受け取った文書を見終ったらどうするべき？

文書は読んだあとの管理が重要

個人が受ける文書の処理を考えてみよう。たとえば、日々自宅に送られてくる手紙やはがき、ダイレクトメールなどである。几帳面な人なら、誰からきたものか、返事はいるか、いつまでに着くように出せばよいかを考え、必要な場合にはすぐに返事を書いて出し、それら受けた文書に到着した日や返事を出した日を書き入れたりする。日記や手帳に「○○からはがき。返信」などと書き込む人もいるだろう。ずぼらな人だと、そんな面倒なことはしない。差出人と文面を見て、返事を出すかどうかを考え、決まった場所に保管しておくだけだろう。ときには、必要だと思っていながら返事を書くのを延ばし延ばしして、忘れてしまったりもする。

会社や官公庁などの組織では、文書の取り扱いに神経を使う。専任の担当者がおり、受け入れた文書は、定められている次のような手続きにしたがって受理され、処理される。

文書受付簿への登録 文書が配達されて会社として受け入れた日、名宛人、文書の発信者、先方文書の発信日、記号・番号を受付簿に登録する。

配付 会社に送られてくる文書は、通常、トップに宛ててくる場合が多い。内容によっては受領者のサインを得て関係の部門に直接配付するが、一般的にはまず名宛人に配付し、その後に関係の部門に回覧する。

↓

回覧 関係の部門や担当者が複数のときには、もれなく関係者に回覧する。

回答文書の起案 回答が必要である場合には、担当者が回答案を作成する。

↓

合議 回答案の内容に関係ある部・課に案を示し、異論がないかどうかをチェックさせる。異論があれば意見を出させ、内容に必要な修正を加える。

↓

決裁 回答案について最終的に決定権を持つ人の同意を得、それを証拠として残すために押印またはサインをしてもらい、内容を確定する。なお、最終決定者に至るまでの過程で中間の監督者がチェックし、押印するのが普通である。

↓

文書発信簿への登録 文書に発信日、文書の記号・番号を記入し、それらと宛先を登録する。

↓

発送 普通郵便、速達郵便、書留郵便など内容に応じた適当な方法で送る。

保存 内容別、時系列別、宛先別など、利用に便利な方法で綴じ、保存する。

文書は要件を伝えることを最優先させよ

文書についての考え方は企業、官公庁などの組織の違いによって異なっており、その形式も様々である。一般文書の大きさは、いまではA判（A４判またはA３判）に統一されてきているが、かつては、官公庁ではB判、企業ではA判と異なっていた。また、法令のように縦書きと決まっているものを除けば、縦書きか、横書きかは一定していない。

文書の形式に着目してみると、社外への発信文書の場合には社交的な要素も入り、文書の書き方が仰々しくなったり、堅苦しい時候の挨拶が入ったりする。通常は、文書記号・文書番号、発信日、宛先、発信者、標題、頭語、前文、本文、末文、結語の順に書く。社内向け文書の場合には、内容が確実に相手に届けばよい。余計な社交辞令はいらないし、表現も事務的に、単刀直入に書いてよい。

文書の本文は、内容が簡単なものであれば文章形式で書いてもよいが、いくつかの内容を含んでいるときには、主文形式で「下記のとおり……」と一括して述べ、「記」と表示した上で箇条書きにするとわかりやすい。もし内容が膨大であれば、主文には「別添（または別紙）『○

○』のとおり……」とし、記の内容をまとめた独立の文書を添付する。

なお、文書記号と文書番号は、文書管理と検索の便利さからつけられるものである。受け取った側が内容の照会をしようとするときには、これを手がかりにすると話が早い。しかし、挨拶文や招待状などの儀礼的な文書の場合には、事務的な印象を与えて礼を欠くおそれがあるため、表示しないのが普通である。

文書の内容を組織的に確定するためには、稟議、決裁などと呼ばれる手続きが必要である。担当者が文書の原案をつくり、上司や関係する部、課の承認を得ていく過程が稟議であり、内容について、決定権を持つ上司の承認を受けるのが決裁である。

稟議や決裁の進め方については、それぞれの組織が「文書取り扱い規程」などの形で定めているから、それにしたがって行なえばよい。ただし、大切なことは、仕事上で作成する文書であるから、その内容について、事前に上司や関係する部・課の了解を得ておかなければならないということだ。

その過程で様々な質問を受けたりするが、それは担当者に対する教育的な意味もあるから、簡潔にきちんと答えられるよう、しっかり準備しておくことが必要である。

事前に上司や関係する部・課の了解を得て文書を作成し、承認を得よう。

!

文書のフォーマット化はコスト減にも

学校で写生の時間に画用紙を配られたときのドキドキする気持ちは、今でも忘れられない。白い画用紙を画板にのせた瞬間には、そこに何でも自在に描けるような高揚した気分になる。

自由画題であれば、いっぱしの画家気取りで何を描こうかと思いを巡らし、なかなか描き始めない。ようやく対象を決め実際に描き始めてみると、考えていたような素晴らしい絵はできず、自らの画才のなさに落ち込んでしまう。

作文の場合もそうだった。原稿用紙を配られ、それを机に置いて〝さあ、何を書こうか〟という瞬間には、何でも自在に表現できそうな気分になるが、表題を書き、名前を書くと、あとは陳腐な文しか綴れず、これまた文才のなさに落ち込んだものだ。

何もない白紙にものを書くというのは自在性があってよいような気もするが、実際にはむずかしい。会社などの組織で作成される文書には、前例や雛形としての例文があるとは言っても、それだけですべてが片づくわけではない。やはり独自に文を構成したり、言葉を選んで書かなければならない。

内容が固定されている文書は、あらかじめ文書の様式や記入方法を決めておき、それを活用しよう。

フォーマットは、この悩みを大幅に解消する。フォーマットとは、あらかじめ文書の様式や記入方法を決めた文書の形である。文書作成の目的が決まっており、内容も画一的であるような場合には、あらかじめ様式などを決めておくことができる。

フォーマットをつくっておけば、必要な項目に記入するだけで文書が容易に作成できるし、文書の内容にモレも出にくい。誰が記入しても内容や表現にあまり差はないから、集計や統計などの後処理もやりやすい。

よい例が、経理事務である。会社のすべてのセクションに関係があり、いずれのセクションの仕事のために支出したとしても、事務処理のしかたには差がない。出張旅費の請求や精算に必要な事項は、誰の場合であっても同じである。だから、経理事務の大部分がフォーマット化されている。

稟議書、報告書、届出書、申請書、許可書などについても、そのほとんどがすでにフォーマット化されているだろう。文書をつくるとき、広い範囲で作成する必要があり、項目と内容があるパターンに限定できそうだと感じたら、フォーマットをつくってみるとよいだろう。

この意味でも、文書の内容を箇条書きしたり、項目ごとの見出しを考えてみる習慣を持つことは有益である。省力化もコストを削減する重要な視点である。

曖昧表現はビジネス文書では命とり

ここでは、実際に文書を作成する場合の留意点を整理してみよう。

一般的な形式 その職場で行なわれている一般的な文書作成の形を調べ、それに準拠した形で作成する。形式が決まっているものは、それを利用すればよい。過去の文書の例を調べることは、一般的な形式を知るという意味でも重要である。

わかりやすい文章で 読む人にとって読みやすく、わかりやすいだけでなく、親しみも持てる書き方で書くべきだが、話し言葉で書いてよいわけではない。

正確に 内容が正確であることも、もちろん大切である。しかし、伝えたいことを相手に正確に伝えることは意外とむずかしい。思い込みなどから、大事な点が抜けてしまったりする。5W1Hなどのチェックポイントを意識しながら文書をつくるように心がけるとよい。稟議制も、突きつめれば、正確性を保持するためのシステムである。

誤字や脱字を避けて 誤字、脱字は、文書を読む人の意識の流れを混乱させ、信頼感を失わせる。あいまいな字は辞書を手元に置いて確かめるようにする。パソコンを使うときには、変換ミスをしないようにしっかり点検するなどのチェックが大切である。誤字、脱字のように、努力すれば避けられるようなミスを繰り返していると、上司や先輩たちからいい加減な人間と思われ、信頼を失うおそれもある。

句点、読点を的確に

句点は文の終わりを、読点は文の区切りを表わしている。句点を忘れるなどということはないだろうし、句点を打つ場所に悩む人も少ないだろう。しかし、読点の打ち方には、その人の個性が反映する。人によって的確であるかどうかの判断基準は違うだろう。また、区切り方によっては、文の意味も変わってしまう。読点には、句点以上の注意が必要である。

読みやすさを心がけて

文書を作成したら、一度声を出して読んでみるようにするとよい。読みやすいかどうか、誤字、脱字がないかどうかのチェックができる。

文書は正確に、誤字脱字のない正しい文法で書き、何より相手の読みやすさを大切にしよう。

文書は取り出しやすいファイリングを

企業活動の軌跡を知る上で、文書は貴重な資料である。すべての文書が適正に管理されていれば、過去の仕事の内容を振り返ることは容易である。しかし、管理がずさんでは、いざというときに役に立たない。処理中の文書はもとより、処理が終わった文書を一定のルールにしたがって適正に保管し管理するのは、組織活動にとって重要なことである。

処理が終わった文書はファイルされ、定められた期間保存される。その際、後で利用しやすいように分類して綴るのが、一般的である。分類の考え方には様々なものがあるが、最も単純なものは時系列によるものである。内容のいかんを問わず、受理し、または発信した順番に綴る方法である。綴りは、月、年、または年度ごとに整理される。

また、次のような分類の方法も行なわれている。

内容別分類　企画書、会議録など、文書の内容によって分類する方法である。

案件別分類　○○の開発に関する件、××納入関係など、個別案件によってファイルする方法である。

受信・発信先分類　取引先、関係官庁など、文書の受信・発信先によって分類する方法である。

地域別分類　東北地区、アメリカ、東京都区内など、関係する地域によって分類する方法である。

どのような方法をとるにしても、一つの視点だけで的確に分類し管理することはむずかしい。いくつかの方法を併用し、文書をコピーしていくつかのファイルに綴じ込むことも行なわれている。後の利用のしかたを想定した文書の管理を考えることが大切である。

パソコンのデータはハードディスク以外にもCD－Rなどに保存する場合もある。この場合には、CD－Rなどに分類の記号や番号をつけ、内容の目録を添付しておく必要がある。目録の代わりに、各文書の最初のページだけを印字し、ファイルして一緒に保管するという方法もある。文書の内容が見えにくいが、工夫してその欠点を補えば、保管場所の効率化が可能となる。ただし、熱や磁気、埃など、保管場所の選定には、十分気をつける必要がある。また、文書作成ソフトも念のため目録に記録しておくとよい。

後の利用がしやすいように、文書をファイリングしよう。

第8章

電話の対応

非対面のプレゼンテーション力を磨く

会社での電話応対は日常の電話とはどう違うの？

電話も対面同様に相手の身になって話す

電話は生活の必需品と言える。ほとんどの家庭には電話があるのはもちろんのこと、その電話には、子機がつき主要な部屋におかれている。また、携帯電話も持っていないほうが珍しい。持っていなければ逆に何かこだわりがあるのではと疑われかねない状況である。代わりに、公衆電話が姿を消してきている。

携帯電話の普及は、電話をかけたり受けたりすることを、日常的な普通の行為にしてしまった。かつて覚えた電話をかけるときの一瞬の緊張感は、携帯電話では感じないように思う。どこでも、いつでも相手と話せるという便利さと気軽さは、相手の迷惑や相手に対する敬意とマナーを忘れさせてしまう可能性を含んでいる。電話をかける前に、あるいはかかってきた電話に出る前に、このことを思い起こすゆとりが必要である。

電話は、言葉だけのコミュニケーション手段である。スカイプなどのように、テレビ電話を自由に使いこなす人が増えているが、これが一般化すれば、さらに離れた人と、言葉と表情によるコミュニケーションが可能になる。しかし、現在のところ、主に電話によるコミュニケーションは言葉のみで行なわれており、そこに意思や感情を乗せていかなければならない。

ビジネスパーソンの仕事は、電話がなければ成り立たない。駅構内や道路を歩きながら携帯電話をかけている人をよく見かけるが、ほとんどの場合、ビジネスパーソンのようである。それほど電話とビジネスパーソンは、関係が深い。ビジネスパーソンの機敏な行動力は、ひんぱんな電話連絡によって支えられていると言っても過言ではない。

電話では、声がその人物を印象づけてしまいやすい。明るいハキハキした声からは明朗で行動的な印象を受けるし、低くて口ごもるような声からは陰気ではっきりしない性格の人物という印象を受けてしまう。

実際に会ってみればその印象は部分的なもので、それほど大きな特徴ではない場合も多いのかもしれないが、声だけが判断材料であるときには、聞き手には過大な印象として伝わりやすい。

また、言葉づかいも誤解のもととなる。同じ発音でも異なった意味の言葉は多いし、似た発音の言葉でまったく意味が違う場合もある。話し手は、自分の理解の枠組みの中で話しやすい。相手がどう理解したかを考えずに一方的に話すと、実際には意図したことが伝わらず、思わぬ結果となってしまったりする。「結構です」という言葉は、「よいですね」という肯定的な意味にも、「いいえ、必要ありません」という否定的な意味にも使われる。

電話応対は名乗り方で話の展開が決まる

新入社員研修の項目には、必ず電話応対がある。ビジネスでの電話は普段友人や家族へかける電話とは異なっている。誰からかかってくるのかわからない電話への応対は、携帯電話に慣れていると、とまどうかもしれない。

電話がかかってきたときに受話器をとったら、まずは、名前を名乗る。ビジネスパーソンなら、所属部課もつけ加える。かけた場合に、相手が出たら、会社名と自分の名前を言う。これが電話マナーの基本である。互いに姿が見えない電話では、問われぬ前に、自分が何者であるかを相手に知らせることが、最低のルールである。

似たような声の持ち主や同姓の人も多いから、相手をよく確かめないで会話を始めると、予想もしない相手と会話をしてしまうことにもなる。

ビジネスパーソンは、会社の一員として電話を使う。はじめて電話をかけた場合、相手はビジネスの担当者として認識するが、なかなか個人の名前を覚えてはくれないだろう。どこの会社のどんな仕事の担当者か、といった漠然とした印象しか持たない。ビジネスに興味が持てなければ、そのまま忘れられてしまう。仕事上のつながりが濃くなってくるにしたがって、次第に個人としての認識も強まってくる。

ビジネスにおける電話のウエイトは大きい。ビジネス活動の成果をあげていこうと思えば、姿の見えない電話で、いかに相手に自分自身を印象づけるかが重要になってくる。そのためにはどうすればよいかを考えてみよう。

初めての相手に会い、名刺を交換して話していても、なかなか名前を覚えてはもらえない。まして電話では、最初に一度だけ名前を言っても、一回で覚えられ、ずっと記憶していてもらえる保証はない。会話しているうちに忘れ去られてしまうのが、普通であろう。さりげなく自分の名前を会話に織り込む努力をしよう。

また、この人とは長く付き合っていたいと思わせる努力も必要である。発声や言葉づかいに気を配り、相手に快い印象を与えるようにしよう。話し方でも印象はずいぶん違ってくる。用件は簡潔に話し、できるだけ短時間で切り上げるように努める。ビジネスが成立しなくても、あせりや不快感を相手に感じさせない心構えも大切である。


電話ではさりげなく自分の名前を会話に折り込むなどして自分を印象づけよう。

あわてず、焦らず電話は受けよう

就職するまでの間に、自分で電話をかけたり電話を受けたりしたことが、まったくないというような人は、ギネスブックものだろう。

現在では、大人も子どもも、携帯電話の普及で、日常的に電話を使い慣れている。昔と比べて気軽に電話を使い、友人との長電話を楽しむ人も多い。就職し職場に配属されても電話で苦労することなどないだろうと思うが、実際にはそうではないらしい。普段は友人、知人との気楽な会話をしているのに、職場では未知の人たちと仕事の成果を賭けて会話をしなければならない。やはり、相当の緊張をともなうのである。

オーソドックスなビジネス電話の受け方を心得ていれば、その緊張感も少しはやわらぐだろう。きわめて常識的ではあるが、実践してみてほしい。

ベルが鳴ったら、すぐに出て名乗る

電話は、なるべく、一回目のベルで「はい、○○社でございます」と名乗ってから、受話器をとるようにする。ただし、ベルが鳴るか鳴らないかのうちにはとらないように。相手を驚かせてしまう。三回以上鳴った場合は「お待たせいたしました」と一言詫びよう。それ以上、待たせた場合は「大変、お待たせしました」と詫びること。受話器をとり、担当名・氏名を名乗り、相手を確かめる。

メモを必ずとる　メモ用紙と筆記具は必ず電話のそばに置き、電話があったら、受信時刻、相手の名前、用件を簡潔にメモする。メモがとりやすいように、受話器は左手（きき手以外）でとるとよい。

内容を確認し、誤りのないようにする　用件を聞きながら、内容をメモする。相手の話が終わり、重要な用件と思ったら、そのメモを見て内容をゆっくりと5W1Hを意識しながら復唱し、相手に確認する。

内容に応じて処理する　自分の担当業務の場合には、即答する、検討して回答するなどの対応をし、担当外である場合には、的確に担当者に伝える。なお、電話の内容を中継した場合には、誰に、どのように伝えたかを相手に連絡しておく。

ビジネス電話は、メモをとり、復唱し、担当者に確実に伝える手順が必須。

!

電話の苦手意識は事前準備で払拭せよ

今年から、ある研修コースをオフィスで実施することになったとしよう。新設の研修コースで、今後は毎年実施することになっている。今年はそのスタートの年。一から企画し、運営しなければならない。

まず、カリキュラムを組む。次に、この研修の講師をお願いしたいと考える方々のリストをつくる。リストに基づき、まず電話をかけ、都合を伺うが、お願いする講師には一流の方をと考えているために、相当の心理的なプレッシャーがあるのは否定できない。多忙な方たちであるから果たしてうまくコンタクトがとれるだろうか。

仮にコンタクトがとれても、断られてしまったらどうしよう。うまくいかない場面ばかりが頭に浮かび、電話するのに躊躇する。電話をかけるのは、まさに一種の賭けである。ほとんどの方とは面識もかかわりもない。頭の中で様々なシミュレーションを行ない、勇気を出して祈るような気持ちで電話することになる——。

長年、仕事で電話をかけ慣れてきたベテランのつもりでも、状況によっては新人と変わらない。このようなときには、初心に返ってオーソドックスな電話のかけ方の手順にしたがおう。

十分な準備　相手の電話番号を確認し、その番号が職場のものか自宅のものかを識別しておく。ファックスがあれば、それもメモしておく。用件を順序だててメモする。説明に必要な資料を順序よく整理して手元に置く。

会話の要点が記録できるようにメモ用紙と筆記具を用意する。

相手の状況への配慮　電話が通じたら、所属と氏名をはっきりと名乗り、相手を確認する。そのまま用件に入ってよいかどうかをたずね、都合が悪い場合には、改めてかけ直すタイミングを伺っていったん切る。そのまま話し続けてよいなら、用件を要領よく話す。かけ直すことにした場合には、その時間に忘れずにかける。

内容の確認　用件がすんだら、全体を総括して確認する。とくに、面会や出講の依頼などの場合、日時や場所については忘れずに確認する。

相手への感謝　電話は、相手が心待ちにしている状況でない限り、突然の侵入者である。快く応対してくれたことに、感謝の気持ちを持つことがエチケット。

お礼や感謝の言葉を述べ、念のため自分の電話番号を述べて切る。

相手に電話をかけるときは、十分な準備と状況の配慮、そして感謝の言葉が大切だ。

電話ですまない仕事もあると考えよ

電話は、現代の利器である。広範な人びとの情報の流れやコミュニケーションを支える道具として、電話は必需品となっている。

電話では、言葉しか伝えられない。相手を知っていれば話し方や声の調子から推測できるが、電話セールスなどの場合には受け手は相手を知らないことが多いから、問題が起きやすい。私の体験だが、不慣れな営業の人がマニュアルを読み上げるような調子で電話をかけてきたことがある。断っても引き下がらず話を続けるので、ついに腹を立てて「上司とそろって謝罪にこい」と要求した。もちろん来るはずもなく、その後はなしのつぶてである。

顔も知らないその営業の人の印象が、無責任でいい加減な奴となったのは当然だが、世間に知られているその会社の印象までも、無責任でいい加減な会社という印象に変わった。

今、大抵の用件は電話ですんでしまう。しかし、すべてのことが電話ですむとは限らないのも事実である。たとえば、次のような場合には、直接面談して話すほうがよいだろう。

誠意ある対応をすべきときは電話ですませるより、直接会う方がよい。

頼みごとをする場合　式典でのあいさつを依頼する、著名な人に初めて幹部研修への出講を依頼するなど、重要な頼みごとをする場合には、電話一本でというのは、いかにも安易な印象を与え、相手に失礼である。やはり相応の人が同行するなどして、直接頼む形が望ましい。

込み入った内容の用件の場合　用件の内容が複雑に入り組んでいたり、背景事情が複雑で説明が長引きそうな場合などには、内容の概略をまとめたレジュメや図表などを用意する。それを持参して、見てもらいながら話すと理解してもらいやすい。

秘密の保持が必要な場合　他人に聞かれては差し障りがあるからと小声で電話をかけると、かえって周囲の人たちの注意を引き、聞き耳を立てられてしまう。かける側でも神経を使うが、受ける側の状況は見えないから、なおさら気を使わなければならない。

もしも内容が秘密である場合には、先方に応接室などの場を用意してもらい、直接出向いて話すのが適当である。

苦情の処理　顧客からのクレームについては、可能な限り電話だけでは処理せず、速やかに面接し、その内容を直接確かめる。責任を持って処理することを確約する必要がある。電話での謝罪だけでは、かえって不信感を増してしまう。クレームに対する誠実な対応は、会社の信頼性を高める一因でもある。

第9章

情報機器の活用

ビジネスツールを使って仕事力を磨く

ファックスは文章を簡単に送れる優れもの

電話回線を使って図表や文字をそのまま送れるファックスは、実務上きわめて便利であり、会社や事務所の必備品である。名刺には、メールアドレスだけでなく、電話番号とファックス番号が併記されている。

ファックスの特徴は、文章や図表そのものをコピーしてそのまま送れることである。電話回線を使いながら、記録性も兼ね備えていることだ。言葉だけではわかりにくい内容も、図や表を添えれば理解されやすい。また、相手に正確に伝えなければならないような場合には、文章の形で送ることもできる。

言葉の行き違いによる誤りは避けられるし、記録としても残るから、間違いはない。伝言のように、間に立って他の人に伝える場合でも安心である。メールの添付ファイルでは重すぎるとき、デジタルデータを渡したくないとき、データの一部のみ渡したいときなど、ファックスの方が好ましいこともある。このような長所を活かして使うと便利だろう。

便利なファックスを利用する場合の、基本的な留意点をあげてみよう。

送信する場合の留意点　あらかじめ内容の概略を電話で説明し、詳細はファックスで送ると予告して送信する。あるいは、ファックスを送信しておき、それを見てもらいながら電話で概要を説明する。ファックスには受信者（宛先）、送信者、送信時間、内容枚数をメモした送信票をつける。相手のファックス番号は、一つひとつ確かめながら正確に押す。

「送信」ボタンを押す前に、表示されている番号が間違いないかどうか必ずチェックするくせをつけておくとよい。

受信した場合の留意点　送られた内容、枚数を確認し、送信者に、ファックスを受信した旨を連絡する。ファックスで受信したものは、機器の調子や原稿の状況により、鮮明でないものもあるので注意し、確認をとる。

誤って送信されたファックスの処理　番号の間違いなどで送られてきたファックスは、送信者に連絡して廃棄する。送信者は番号の間違いに気づかない場合もあり、本来の宛先に送れたものと考えているかもしれない。また、内容が広く知らせてはいけない性格のものであれば、送信間違いの結果に心配しているかもしれない。

いずれにしても明日はわが身と考えて、できるだけの手を打ってあげたい。

データの一部を残したいときに便利なので使おう。！

便利ゆえに注意したい携帯電話の所作

最近の携帯電話は、高機能携帯電話の普及で、電話機能だけでなく、メール機能、インターネット機能、カメラ機能、テレビ機能など、ますます多様な機能を持っている。小型で持ち歩きに便利な電話というイメージをとうに超えている。

しかし、ビジネスの場では、圧倒的に電話機能が使われているだろう。訪問時の時間の打ち合わせ、外出時の職場との連絡、簡単な上司との打ち合わせなどには、携帯電話が便利である。ただし、便利な機器を使うときには、それなりのマナー感覚が必要になる。いくつかの留意点をあげておこう。

使う場所を考える　携帯電話は、いつでも、どこでも通話ができるところに最大の利点がある。しかし、電話の会話は、周囲の人にとっては雑音としか考えられないから、できるだけ人のいない場所で話す心構えが必要になる。また、携帯電話から発する電波の悪影響を考え、病院内や優先席付近では電源を切ることも必要な配慮である。

電話相手の状況はもちろん、自分の周りの人にも配慮しよう。

訪問中、面談中のマナー　訪問先では、事前に電源を切るかマナーモードに設定しておく。それを忘れて面談中に呼び出し音がなっても、すぐに音を止められるように操作方法を身につけておく。面談相手に電話がかかってきたことを知られないように配慮するのがよいが、知られてしまっても面談が優先するとの姿勢が大切である。

会議中のマナー　会議に出席するときには、やはり事前に電源を切るか、マナーモードに設定する。あらかじめ重要な連絡が入るとわかっているときには、会議の主宰者に事情を話して了解を求めておくのが望ましい。実際に電話がかかってきたときには、主宰者に断って退席し、部屋の外で通話を行なう。

携帯電話にかけるときには　携帯電話にかけたときには、相手がどのような状況にあるかをまず確かめることが大切である。相手は重要な会議中かもしれない。大事な顧客との面談中かもしれない。職場で集中して考えごとをしていたかもしれない。

会社の外で、自動車で移動中かもしれないし、歩いている途中で人通りが多く、通話しにくい状況かもしれない。このような状況であれば、後でかけ直すことを伝えて、あきらめることもマナーのうちである。自分が電話を受けたときの状況を意識しつつかける思いやりが、マナーの基本である。

ビジネスメールで気をつけるべきことは?

メールは簡単送信できるからこそ配慮する

ビジネス上の情報伝達手段として電子メールを使うことも、珍しくなくなった。それだけコンピュータが普及し、インターネットの利用が一般化したと言える。今や、ビジネスパーソンの名刺には、オフィスのメールアドレスが書かれていないほうが珍しい。

電話や手紙に比べたメールの利点は、次のとおりである。①素早く相手に届く、②相手が不在でも用件を伝えられる、③内容の大きな情報を容易に伝えることができる、④受信したメールを引用しながら返信文を作成しやすい、⑤保存が必要なものを選んで印刷することができる、⑥同文を複数の相手に同時に送ることも容易である、など。

メールを使う際には、次のような点に注意するとよい。

アドレスを間違えない メールアドレスは、英字、数字、記号からできているが、一字でも違うと相手に届かない。

表題は簡潔に 表題は、内容を的確に表わすものでなければならないが、パソコン画面のスペースの関係や相手の読みやすさを考えると、簡潔さを優先させたほうがよい。できれば十文字内外でまとめるように工夫するとよいだろう。

メモ感覚で簡潔に書く

メールは手紙とメモの中間的な性格と考えてよい。時候の挨拶やていねいな言葉づかいといった配慮よりも、わかりやすい言葉で簡潔に書くことが大切である。メモでは当たり前の箇条書きを使うのもよい方法である。

内容は一つにして気軽に

メモの感覚の延長として、一枚一件の心構えを利用し、一メール一件でまとめるようにする。いくつかの用件があれば、メールの数を増やせばよい。

添付ファイルは作成ソフトを明示して

多量の情報は、添付ファイルの形で送るとよい。この場合、添付されたファイルの作成ソフトと受信した相手が使っているソフトが合わないと、せっかく送ってもらったファイルが読めないこともある。

送信側で気をつけて、できるだけ一般に使われているソフトでファイルを作成する、テキストファイルを活用する、などの配慮を行なうとよい。添付ファイルの作成ソフトを明示しておくのも、一種のマナーと考えよう。

送信ボタンを押す前に確認を

メールの送信ボタンを押す前に、送信者のアドレス、表題、本文を見直し、間違いがないことを確かめて押すことを習慣にしよう。

要件は簡潔にまとめ、当たり前の確認を怠らないように送信しよう。

社内データはお金で買えない財産だ

多くの職場では一人一台のパソコンが割り当てられ、これらは常にインターネットに接続されている。電子メールをリアルタイムで受信できるし、ちょっとした調べものは検索エンジンで情報を探すことができる。グループウェアを導入してスケジュールや文書を共有しているところも多いだろう。それらをうまく活用すれば、非常に効率よく仕事を進めることができる。

しかし、会社の情報機器は、その中にあるデータも含めて会社の財産であることを理解しておこう。次にあげるようなルールを定めているケースが多い。

私的利用の制限　オフィスのパソコンは、たとえ自分専用であっても業務のための備品であり、みだりに私用で使ってはならない。休憩時間に天気予報やニュースを見るなど、多少であればかまわないという場合が多いが、業務に関係ないWebページばかり見ている社員をチェックしている会社もある。休憩時間中であっても、モラルを持って利用するべきである。

パソコンは会社の備品なので基本的に業務以外に利用すべきではない。

利用ポリシーの遵守　会社の情報機器の使用手順に関しては、大半の企業が受認できる利用と受認できない利用を定めており、多少の差はあってもそれを厳しく適用している。業務に役立つと思われるものであっても、管理者の許可なくソフトウェアをインストールするなどの行為は、あとで削除しておくとしてもよくないことであろう。

データの喪失を防ぐ　多くの企業では、業務で利用する共有フォルダのファイルを自動的にバックアップし、故障や停電などのトラブルの際に復元する機能を備えている。しかし、念には念を入れて万一に備えることも大切であろう。

会社の利用基準に基づきながら、利用者は自らのデータファイルを指定の場所に指定の範囲内で定期的に保存するとよいだろう。どのようなデータをいつどのように保存すべきかをきちんと理解し、失っては困るデータはわかりやすく保存するとよい。また、ｗｅｂ上のデータも常にそこにあるわけではなく、明日にはなくなってしまうかもしれない。大切なデータの保護・管理に努める必要がある。

ウイルスなどからの保護策をとる　知らない送信者からの電子メールや電子メールに添付された不明なファイルを開かない、企業の電子メールアドレスをウェブサイトに入力しない、パソコンの保護アプリケーションを停止させない、といったことを守ろう。

漏洩した後では遅い情報セキュリティ

パソコンなどの普及による業務のＩＴ化によって便利になった半面で、セキュリティ面でのリスクも発生している。セキュリティに気をつけても、企業や官公庁からの個人情報や機密情報の漏洩が後をたたないこともあって、多くの企業が情報セキュリティシステムを強化している。

利用者としては次のようなことに気をつけよう。

パスワードの管理　パソコンを利用するために必要なログインＩＤとパスワードの管理には、注意が必要。多くの場合、利用者ごとにアクセスできる情報の範囲が設定されているので、同僚であっても絶対にパスワードを教えるべきではないし、紙に書くなどして人めに触れる状態にしてはいけない。

また、パソコンの電源を入れたままで離席する際にはログオフするなど、パソコンを他人に勝手に操作されないよう気をつける。パスワードは定期的に変更するとよい。

情報機器の持出しの制限

業務で使用しているパソコンがノート型の場合、出張など外での仕事に持ち出したくなるが、持ち出すことを禁止としている場合もある。「ちょっと自宅で使いたい」などと気軽に持ち出すべきではないし、業務上やむをえない場合でも管理者の許可を得る必要がある。許可を取ってノートパソコンなどを社外に持ち出す際には、情報の漏洩を防ぐために普段以上の用心が必要だ。

社外で情報を守る方法を知っておかなければならない。ログイン名、パスワードを書き留めない、機密情報を暗号化する、パソコンを置いたままその場を離れない、使用していない間は画面ロックをする、といったことに気を使わなくてはならない。

情報機器の持込みの制限

データの持ち出しはもちろん、私物のパソコンやUSBメモリなどの事務所への持ち込みも禁止されている場合がある。ネットワークに接続されたパソコンは外部からの侵入を防ぐセキュリティに守られているが、ネットワーク内部のパソコンの一台がウイルスに感染すると、一気にウイルスが広がってしまう場合もある。

基本的に私物の情報機器を事務所に持ち込むべきではないし、許可を取って持ち込む場合にも、細心の注意を払わなくてはならない。

業務で利用するコンピュータは、それぞれの企業のセキュリティ基準に則って運営されている。定められたルールをよく理解し、許可された範囲内で利用しなければならない。

! 情報機器を取り扱うときには、重要情報を扱っている自覚を持って利用しよう。

第10章

将来について考えよう

仕事を通してチャレンジ精神を磨く

ネット情報は鵜呑みにしない

ビジネスチャンスは、様々な情報の中にある。情報を制するものはビジネスを制する、とも言われる。ビジネスパーソンは、情報を集め、活用する方法を身につけていなければならない。ビジネスに関係ある生きた情報は、直接関係ある人と接して得るのが確実である。なかなかその機会に恵まれないというならば、次善の策としては、テレビ、新聞などのニュースを注意して見聞きすることをお勧めする。

しかし、テレビは、漫然と見聞きしていると重要なポイントを逃してしまいやすい。この点、新聞は見出しで興味ある記事を見つけ、関係ある多量の情報が読める。必要が薄ければ読み流すこともできるし、腰を落ち着けて読むこともできる。重要なものなら切り抜いて保存し、何回も読み直せる利点もある。また、複数の新聞を読み、情報に深みを持たせるのもよい。

最近では、インターネットを使った情報収集が容易になってきた。ネット上に公開される情報の量が増え、キーワードによる情報検索も容易にできる態勢が整ってきている。印刷すれば、可視情報として、保存も可能である。

インターネットを活用する場合の留意点をあげてみよう。

情報の信頼度を量る　インターネット上の情報は、その発信源によって信頼度にばらつきがある。新聞社や公共的な団体が発信する情報にはある程度の信頼性があるが、個人が発信する情報については注意して扱わなければならない。

情報の鮮度に注意する　インターネット上に公開されている情報のすべてが、随時更新され、最新のものとなっているとは限らない。せっかく興味ある情報を見つけたと喜んでも、その内容は古く、使いものにならなかったということも起きやすい。

有料、無料を確かめて　インターネット上に公開されている情報は、一般には無料で利用できる。しかし、情報サイトによっては、有料で公開している場合も少なくない。

複数の情報を見比べる　インターネット上の情報についても、新聞の場合と同様に、複数の情報内容を見比べて使うようにする。

よく利用する情報サイトは登録しておく　ひんぱんに利用できそうな情報サイトは、登録しておくと参照に便利である。

情報を得るときは、複数の情報を見比べ、信用度を量ることが重要だ。

「メモ取り」が人を成長へと導く

ビジネスパーソンとしての能力は、ひとことで言えば「応用・実践力」である。自分の持つ知識や経験の蓄積、新たに得られた情報などを効果的に使って、目標達成に向けた活動を展開していく。情報の豊富さや多面的な経験が重要と言われる理由は、その応用・実践の基礎になる要素だからである。

「記憶力にすぐれているからと言って、必ずしもビジネスで有能とは言えない」と言う人もいる。その意味は、記憶したことを整理し、組み合わせ、目的達成に結びつけられなければダメだ。応用できなければ、その記憶はビジネスに活きない、ということであって、記憶力の評価が低いわけではない。記憶力はビジネスパーソンにとって必要ない能力だと考えてはいけない。むしろ、応用・実践力の基礎には、しっかりした知識や情報のストックが必要であり、記憶力は基礎的な能力なのである。

世の中には、超人的な記憶力を持つ人もいる。普通なら「○年○月ごろ」という漠然とした話になりがちな昔のことでも、「○年○月○日の○時○分」などと即座に特定でき、そのときの状況を明確に説明できるような人だ。しかし、常識的に言えば、人間の記憶力には限界があり、また、記憶した内容も正確に保持され続けるとは限らない。刑事もののテレビを見ながら、自分が事件に巻き込まれたら、取り調べ室でアリバイの主張なんかできないな、などと考えることも多い。よほどのことがなければ、過ぎた日の鮮明な記憶など残らないものだと思う。後日のために記録しておく必要性、重要性がここにある。

学校時代には、記憶しなければならない情報はノートに書いた。テストまでに読み返し、記憶を確実にするためである。テストが終われば、ノートは廃棄した。ビジネスで記憶しなければならない情報も、どこかに記録しておく必要がある。

ノートをつくるのもよいが、常時手元に置きその都度書くには、メモ用紙が便利である。断片的な情報を面倒がらずにメモし、内容に応じて整理し、ノートに貼りつけて保存する。こうすれば、必要な情報を記録することも、整理することも、億劫ではなくなる。メモを有効に利用し、自身の記憶力をサポートする工夫が、応用・実践力の向上につながっていくことになる。

最近では、電子メモなどの機器も売り出されている。自分の求める機能を持つ機器を選び、上手に使っていくとよい。手当たりしだいに使っても、効果は薄い。

自分にできる仕事なのかわからない。

仕事は「守り」より「攻め」で挑め

研修の仕事をしていた関係で、今でも時々研修講師の依頼を受ける。依頼の連絡を受けたときに、一瞬躊躇することもある。何となく内容を知ってはいるが、体系的にはまだ頭の整理ができていないようなテーマのときである。

なぜそのようなテーマで自分が依頼されたのだろう、という疑問が生じ、気になったりする。何かの間違いではないか。本当は他に適当な講師が予定されていたのに、その人の都合がつかずお鉢が回ってきたのではないだろうか。引き受けてもよいが、これから整理するのは面倒だな……と、いろいろな思いが浮かんでは消えていく。

このようなとき、仕事の都合がつく限りは引き受けることが多い。与えられた機会と思うからである。どのような事情であれ、このテーマで講師を引き受けてほしいと見込まれたと考えよう。研修スタッフは、自分なら多分やってくれるし、やれるだろうと見ているのだ。そのような気負いも、気持ちのどこかにある。

確かに、断わることもできる。そうしてしまえば、新しいテーマを四苦八苦してまとめなく

苦労するというリスクがあっても、難しい仕事を与えられたらチャンスと捉えよう。

てもよい。しかし、迷ったときは、やってみようと考える。引き受ければ、試練が待っている。テーマについて考え、材料を集め、レッスンプランを練り、時間の配分に悩む。相当の緊張感とともに研修の場に出て講義する。終わったあとでは、うまくいったとしても、ほっとする以上に疲労感を覚えることにもなる。

取捨選択できるという意味で、研修講師の依頼がきたときは一つの機会である。断わってしまうこともできるが、そうすればその機会は失われてしまう。引き受ければ、研修方法や時間の制約はあるものの、そのテーマについて自分なりに研究し、体系的に整理することができる。ひとたび整理されれば、それを核として研究の範囲を広げたり、内容を深めたりすることは容易となるだろう。

ビジネスの場では、このような機会にめぐり合うことが多い。苦労するというリスクはともなうが、「どうだ、やってみないか」と声をかけられるのは、選ばれて勉強の機会を提供されているとと考えるべきである。人がやりたがらない困難な仕事だけをやらされる。自分は不運だ、などと考えて消極的に対応していると、能力を伸ばせる機会は次々に去っていく。

やってみたい仕事があるが失敗して笑われそう。

失敗は思いもよらないチャンスになる

機会が訪れたときに、これをつかむことは難しい。これは得がたい機会だと思っても、リスクの大きさからあきらめてしまうことが多いだろう。しかし、この場合には、リスクの克服の方策さえ見つかれば、チャンスをものにすることができる。現実に起きやすいのは、機会が訪れているのにそれに気づかず見逃してしまい、あとで「あのときに機会をつかまえてさえおけば……」と悔やむことである。

野球で言えば、絶好球を見逃して三振を宣告されるようなものである。昔から「幸運の女神には、後ろ髪がない」と言われる。見逃した運は、もうつかむことができない、という意味だ。運をつかむ秘訣はただ一つ、それに遭った瞬間につかんでしまうことだ。

機会が訪れたときにこれをつかむには、ものごとを前向きに捉え、自ら実現したい目標を持ち、その実現にともなう困難を克服していくという積極的な姿勢が必要になる。自分の能力や予算などの環境条件の枠内で仕事を進めていくならそれほど苦労もしないが、予測した結果を超えるような大きな成果は期待できない。

枠を跳び出すかもしれないが、自分の能力を少し超えているような課題に果敢に挑戦していくことによって、可能性は広がっていく。困難な課題を成し遂げるためにどうすればよいか、という切羽つまった必死の状況に置かれれば、どのようなチャンスも見逃さない鋭さが持てよう。

自らを追い込む。困難をともなう課題に挑戦する。このような前向きの姿勢がビジネスパーソンを大きく成長させる。様々な機会が訪れ、成果があがるきっかけとなる。その勇気が持てなければ、会社の中で次第に埋れてしまうだろう。

挑戦には、リスクがともなう。失敗すれば、周囲の笑いのタネになる。会社にも大きな損失を与え、上司、同僚、顧客などにも迷惑をかけてしまう。だから挑戦しないという賢い選択をし、ほどほどの成果に満足して生きるのも一法である。しかし、失敗からも多くのことを学べるし、恥は一時的なものだ。迷惑をかけたなら、それ以上の成果をあげてお返しすればよい、という波乱ある生き方をするのも悪いことではない。

社会経済情勢が大きく様変わりしてきた今日、会社にとっては、多少のリスクはあっても、挑戦する社員の気概がより大事であろう。ベンチャー・ビジネス論議も華やかだ。きちんとした方法論のある挑戦なら、実現する可能性も十分にある。

困難をともなう課題にも挑戦することが、成果となる。

10

研修はおもしろいという前提で臨め

ビジネスパーソンとしての能力を高めていく方法には、様々なものがある。会社が組織的に推進する人材育成計画に沿って研修を受講するのも、その一つの方法である。

会社は、採用にあたって、将来性のある新人を求める。採用の際に期待しているのは、その時点で持っている能力だけではない。会社で仕事をこなしていく中でその能力を伸ばし、さらに大きな仕事に取り組むことができる可能性も求めている。したがって、採用した後には様々な職場で広範な経験を積ませ、同時に、多様な研修コースを企画して受講させる。

仕事や研修を通じて、社員の持てる能力をできるだけ高めていこうと努めるのである。とくに、研修は重視されており、各企業とも専門的分野または階層に応じて各種の研修コースが実施されている。

このような会社の努力も、これに応えようという社員の意欲がなければ実を結ばない。研修は、かなりの投資である。研修会場を確保し、講師を招き、社員を日常の仕事から離れさせて受講させる。その投入経費や人件費は、相当の額に上るだろう。

これまで受けた研修を考えてみよう。新入社員研修。一緒に採用された多くの仲間が受講し、社内外の経験豊富な講師が講義したり、討議の指導にあたったに違いない。また、配属後の実務研修も同様だっただろう。このような研修を受講したとき、どのように感じていただろうか——おもしろい。勉強になる。仕事とどう結びつくかわからない。つまらない——。様々な感じを持ったことだろう。

おもしろいと感じ、勉強になると思えば、研修にも身が入る。研修効果としての能力の伸長が、期待できることになる。しかし、役立たない、つまらないと感じれば、まじめに受講しようという気持ちを失ってしまうから、効果は期待できず、研修はムダな投資となってしまう。

研修は、会社が用意してくれる能力伸長のための機会である。これを活かすもムダにするのも、自分自身の意欲にかかっている。せっかく提供される機会なら、活用することを考えてみよう。

研修がつまらないと感じるのは自由であるが、同時に、どこがつまらないのか、どうすれば興味を持てる研修になるのか、自分にとってこの研修はどんな意味があるのか、といった点を突きつめて考えてみる。

考えたことを研修担当者に伝えていく。それだけでも、研修を受講した意味はあると言えよう。

!
・意欲的に研修に取り組み、自分にとって意味のあるものへ昇華しよう。

書くことがとても苦手。

ビジネス文章は「上手」より「明快」に

「話すことには自信があるが、書くのはどうも……」という声を聞く。

確かに、話すのは気楽だが、書くことには神経を使う。書かれたものは大勢の人の目に触れてしまう。起承転結や論理の流れをじっくりと検証され、ここがおかしいなどと指摘されることもある。パソコンという強い味方ができて少なくなったが、字がきれいだとか下手だとか、内容に関係のないことで批評されて、ばかばかしい思いもする。

話すことが書くことに比べてそれほどやさしいとも思えないが、ＩＣレコーダーなどを使わない限り、話した内容はそのままの形で残ることはない。だから、漠然とした話をしながら頭を整理していき、「要すれば……ということ」で、きちっと締めくくっているのも確かだ。周りから「内容がおかしい」という指摘でもあれば、その場で必要なデータを紹介しながら反論することもできよう。

書くことにはそれなりの苦痛とエネルギーが必要だが、ビジネスパーソンとしてこれを避けて通ることはできない。各種の報告書や企画書などをわかりやすく、説得力を持つように書かなければならない。書く力を高めていくことは、将来的にも重要である。また、書くことによって自分の知識や考え方の十分でない部分がわかり、勉強の方向も見えてくる。若いうちから、意識的に書く訓練を積んでいくとよい。

実際には、次のような日常的な訓練を実践していくとよいだろう。

日記を書く　一日の出来事を総括し、簡潔に記録する。また、それに関連して考えたことや感じたことを付記していく。人に見られることを意識できるブログもよい。知らず知らずのうちに、文をまとめたり的確な表現ができるようになる。

メモをとる　キーワードを選択したり、図式化する訓練となる。会議などが終わったあと、メモによりその模様を復元し、上司などに添削してもらうと表現力も高まる。

報告書をていねいに書く　短時間に活動の状況を把握するために、報告書が様式化されている場合がある。定型的な記述やチェックですむ場合が多いが、できるだけ要領よく記述するように努める。

本を読み、要約や感想を書く　本を読みっぱなしにせず、読みながら感じたことや考えたことを簡潔に書く。文章や記述に対する感覚が鋭敏になる。

文章力はたくさん書き、たくさんの人の目にさらされることで鍛えられる。

出費の痛みがともなう自己投資のススメ

私が子どもの頃は、正月や祭礼でもない限り、小遣いをもらえなかった。だから、その日が待ち遠しかった。小遣いをもらうと、祭りなどはそっちのけで本屋に行き、すべて本代に使ってしまう。正月は、本屋が休み明けになるのを待ちかねたものだ。

親は、小遣いの使い道が本だけというので「張り合いがない」と嘆いた。それくらい本に飢え、本さえあれば幸せ気分で過ごせたことが、今では懐しい。

暇があれば、本屋を見て歩くのが好きなのは、今でも変わらない。ハードカバー、文庫本、新書などを合わせて、毎月一〇冊以上は購入している。きちんと通して読むものもあれば、途中でやめてしまうものもあり、部分的に読んで終わりというものもある。

全部読まない本を買うのはムダな出費だという人もあるだろうが、もともと好きでやっていることなので続けられるのだと思う。

自分の能力を高めるための方法には、いろいろのものがある。自分で適宜な方法を選んで実践すればよい。ただし、どのような方法を選んだとしても、それを実践する際には、多かれ少なかれ費用がかかる。これは、自分に対する投資である。その費用は覚悟しなければならない。また、出費の痛みがあれば、その費用対効果にも注目するだろう。

本を読むことは、手軽で、誰にでもできる方法である。しかし、手軽であるだけに、いい加減に取り組みやすい。読んだり読まなかったり、読み散らかしたりしやすい。やはり、自分自身に義務を負わせるのがよいだろう。毎月一定額の本を購入する。それだけの投資をする。

買った本であれば、「読まなければ……」というプレッシャーにもなるだろう。最近では図書館も増えてきているので、費用をかけずに本を読むこともできるが、それではプレッシャーは働かない。

広く人と話すのも、勉強になる。職場を離れて話そうと思えば、食事代、コーヒー代、飲み代などがかかる。好きでもないのに飲み代を出さなければならないと考えては、次第に人は離れていってしまう。これも自己投資の一環と割り切ったほうがよい。

誰しも、同じ結果が得られるなら、経済的負担は少ないほうがよい、なければもっとよい、と考えるだろう。それを抑えて、不断に自分自身に投資する勇気が必要だ。たとえ結婚して家族への責任が生じたとしても、自分への投資はやめずに続けたほうがよい。

継続できる経済的負担を、能力開発の原動力にしよう。!

自信は「健康な体と心」でつくられる

どのような仕事でも、それを動かすのは人である。仕事をしっかりと行なうためには、その活力の元である体力が充実していなければならない。健康にも十分、気を配っていく必要がある。

健康に恵まれれば、体力にも自信が持て、何事にも積極的に取り組むことができる。自然に仕事の成果もあがり、会社での存在感も大きくなっていく。仕事の能力についても自信が持てるようになっていくことだろう。

どうすれば健康に生きられるか、という課題は、若く活力にあふれた新入社員にはまだ現実味を持って考えられないかもしれない。しかし、ちょっとした心がけで、健康を保持する種をまくことはできる。いくつかの留意点をあげておこう。

規則正しい生活を心がける ビジネスパーソンは仕事の必要から食事時間や睡眠時間が不規則になりやすい。そのブレをできるだけ少なくするように心がける。先をみて、計画的に仕事を進めていくようにするとよい。

食事の内容に気をつける 時間にゆとりのない朝食や昼食は素早く食べられるものに、夕食は友人と飲みながら簡単に食べるだけ、というような生活を続けていては栄養が偏り、病気の元になる。食事は一日の食事バランスを考えて摂る努力が必要だろう。

運動の時間をとる ちょっとした時間をとり、自分にあった運動をする。要は、体をまんべんなく動かし、体と頭脳のリフレッシュを図る時間を持つことだ。

趣味を持つ 自分が熱中できる趣味を持つことも、健康の維持につながる。

会社は社員に対し、ときには知力、体力の限界にまで挑戦してほしいと要求することがある。もちろん、社員の健康を害さないように配慮はするが、それでも過労死のような悲劇が起きてしまう。健康に自信のあるプロたちは、往々にして限界を超えて働いてしまうのである。

若いうちは、別に気をつけなくても、健康で気力が充実しているものだ。それが当たり前だと考えてしまうと、無理を重ねたり、ちょっとした体調の異常に気がつかず長期の療養を余儀なくされたり、場合によっては過労死という悲劇に見舞われることになる。心の隅のどこかには、人生がんばるとしてもおのずから限界がある、という自己コントロールの意識も持っていてほしい。

健康に気を配り、自己コントロールの意識も持とう。

嗜好品はビジネスを上手く進める潤滑油

嗜好品とは、必要があって口にする食物ではなく、楽しみとして口にすることにより、生活にうるおいとゆとりをもたらすものをいう。代表的なものは、酒、たばこ、コーヒー、紅茶などが挙げられる。

これらは生きていく上で、必要があるわけではないから、別に喫煙したり飲んだりしなくてもかまわない。しかし、社会人としては、酒のつきあい、コーヒー、紅茶などを飲みながらの仕事の打ち合わせや会議などの機会が多いだろう。また、ものを考えたりほっと一息入れるときに一服という、喫煙の習慣を持つ人もいる。これらは個人の嗜好品というよりも、ビジネスに付随する必需品という面もあるように思える。

コーヒーや紅茶についてはそれほどでもないが、酒やたばこについては、人によって好みの差が大きい。アルコールを体質的に受けつけないという人もいるし、飲酒後の酒臭さはいやだという人もいる。また、たばこについては、単にその臭いが嫌いという人もいれば、肺ガンなどの健康被害を受けるからいやだという人もいる。嗜好品は、限度を心得てたしなまないと自分自身の健康を損なうだけでなく、周囲の人の迷惑となったり、健康に害をおよぼすことになるから、注意しなければならない。

飲酒に関しては、一般的に職場では禁止されている。一〇年ほど前までは、喫煙はそれほど規制されなかったが、最近では特定の場所を除き、禁煙とする職場がほとんどだ。自社の社員だけでなく、外来の客にも協力を呼びかけている。まして公共の場であれば、その規制は厳しくて当然である。東京都のいくつかの区では、歩行中の喫煙を禁止し、違反者から罰金を取るという制度を実施している。この動きは、ますます広がっていくものと思われる。

適度の嗜好品の摂取は、疲労回復に効果がある。適量の酒は疲れをいやし、会話をはずませ人間関係を円滑にする効用がある。喫煙者にとっては、仕事の区切りがついた後の一本のたばこは、それまでの緊張を解きほぐし、次の仕事に向けたよいアイデアを生み出す源泉になると言う。

だからこそ、嗜好はきちんと自己コントロールし、仕事と人生にゆとりとうるおいをもたらすものとして楽しむようにしたい。健康でさっそうとしたビジネスパーソンを目指してほしい。

心の健康を手に入れよ

昔からの教えに、「病は気から」とある。心にかかることがあると、いずれは体調を崩すことになりやすいという、一面の真理を言い当てている。病気の原因はそれだけではないだろうが、心配ごとがあると体調が悪くなるのは確かである。

解決の目途が立たない問題を抱えた場合には、その問題が片づくまで元気が出ない。不勉強で自信のない試験の前などには、食欲がなくなり、緊張して顔色も青ざめる。試験が終わってしまえば食欲も出てくるし、結果が思いのほかよければ、反動でハメをはずすくらいに陽気に騒ぐことにもなる。

本当の健康状態とは、病気もけがもしないというだけでなく、併せて精神状態もよいということだろう。心身ともに健康であるということだ。だから、健康に人生を過ごそうと思えば、心の状態を安定的に保つことも大切になる。

ビジネスパーソンは、会社という組織に属し、その一員として仕事をする。そこで期待されている役割は大きく、課せられる責務は重い。体力にものをいわせて進んでいくとしても、精神的にかなりの負担がかかっていくことは明らかである。これをどこかで軽減していかなければ、いずれは体調にも悪い影響を与えてしまうだろう。そのためのいくつかの方法を述べておきたい。

精神修養 自分の心を安定的に保つように努め、ものごとに動じない精神を養おう。

気持ちのゆとり いつも気持ちにゆとりを持っていることが大切である。趣味やライフワークを持ち、仕事以外に打ち込める楽しみを実践していくとよい。

能力の向上 精神的に追いつめられないようにするには、自己啓発に努め、仕事についての能力を高め、どのような課題もこなせる自信をつけていくことが有効である。

人間的魅力 人間関係の善し悪しが、ストレスの原因となっている場合が多い。自己コントロールに努め、人間的な魅力を高めて、無用の確執を生じないようにすることが大切である。

前向きの姿勢 ものごとを肯定的に考えていくことが、大切である。否定的に考えると、現実とのギャップに悩むことになる。

ものごとを前向きに捉え、精神的負担の軽減に努めることで体の健康も保とう。

体力には自信があるので少しくらいの無理は平気。

いい仕事は健康だからこそできる

「飛行機に乗るのは苦手だ」と言う人は、案外多い。離着陸のときの気分がいやだとか、座席が狭く縛りつけられているような感じがいやだと言う人のほか、もともとあんな重い鉄の塊が空を飛ぶこと自体が不自然であり、いつ事故が起きてもおかしくない危険な乗物だからと言う人もあって、〝理屈だなぁ〟と感心させられたりする。

飛行場に着くたびに、航空機は給油とともに丹念な機体の点検を受ける。多数の乗員、乗客を乗せ、相当の重量の機体が空を飛ぶのである。飛ぶ前には、事故の可能性はないという自信を持てるまで、安全性を確認しなければならない。飛行中にひとたび事故が起きれば、多数の人命が失われる危険は大きいからである。

自動車の運転者にも、法令によって、運転の前に必ずエンジンやその他の点検をしなければならないと義務づけられている。しかし、自家用自動車について、すべてのドライバーが、毎回この運転前点検をきちんと行なっているかどうかは疑問である。事故の危険性やその結果についての認識が、格段に違うのであろう。

機械にも、機能の低下や金属疲労などの劣化が生ずる。適当な時期に部品を換えたり廃棄処分にしなければ、いかに整備や点検をしても事故が起きやすくなってしまう。この点、人間の場合には自己回復力があるから、多少の疲労や故障は適度の休養をとることによって回復する。しかし、回復力にも限界がある。無理を重ねれば、回復不能になり大病に苦しむことにもなりかねない。

誰でも、このようなことは知っていよう。自分は無理をしていないし、無理をしても若さでカバーできる範囲に抑えている、と言うかもしれない。しかし、自信があればあるほど、大病につながる危険のあるちょっとした徴候を軽く見たり、見逃したりしてしまう。人間は、自分の調子を自分で判断できるだけに、チェックが甘くなりやすい。

自分なりの健康チェック項目を持とう。たとえば、目覚めは爽やかか、食欲はあるか、便通は規則的か、顔色はよいか、疲れやだるさはないか、などである。

チェックしてみて、もしもおかしいと感じたなら、速やかに医師の診察を受けるようにする。また、職場の定期健康診断は、欠かさず受診するようにして、継続的な健康管理データを持つようにすることも大切である。

自分なりの健康チェック項目を持ち、継続的な健康管理をしよう。

長く休みをとるのは気がひける。

体調が悪いときは休む勇気も必要

日本のビジネスパーソンは働き者である、と言われている。年次有給休暇の完全消化をしたり、ゴールデンウイーク以外の時期に長期の休暇をとって外国旅行に行く人も増えつつあるが、外国人に比べれば、まだ少ないと言えよう。忙しい、忙しいを口ぐせに、毎日夜遅くまで働き、今年はろくに休めないと嘆きの言葉を口にしつつ、改善方法を考えるわけでもない、そんなビジネスパーソンもいるのではないだろうか。

仕事が忙しいときに休むことには一種の罪悪感があるのかもしれない。このようなビジネスパーソンに、年次有給休暇の完全消化を求めたり、長期休暇をとるように勧めても、なかなかとろうとしない。

しかし、体調を崩せば、否応なく休養が必要になる。短期間の休養で回復すれば職場を離れて休む期間も短くてすむが、病気によっては長期の休養が必要である。そのような病気が発見され、療養の必要を宣告されたら、大きなショックである。

これまでの実績が音を立てて崩れ、ビジネスパーソンとしての生命を断たれる思いをすることだろう。実際に療養生活に入っても、仕事が気になったり、同僚たちとの出世競争から取り残されてしまうというあせりを感じ、おちおち休んでいられない思いもするに違いない。

それゆえに、ビジネスパーソンは、自分の体の不調を軽く見ようとする。自覚症状はありながら、専門医の診断を受けようとせず放置し、重症にしてしまったりする。早い時期に手当すれば短期間の療養で回復するのに、時期を失して長期間の療養を余儀なくされることになる。長期の療養を恐れる気持ちが専門医の診断を受けないことにつながり、かえって長期にわたって職場を離れなければならない結果となる。皮肉と言えば皮肉である。

体調の悪いときは、思い切って休むことだ。具合が悪いと思ったら医師の診断を受け、必要なだけ療養する。長期の療養も辞さない。このような覚悟はしておいたほうがよい。体調が悪いときには、よい仕事などできるわけがない。そういう気持ちの割り切りが必要である。

むしろ駆け続けていると、仕事の方向についてじっくり考えたり、人生と仕事との関係を整理する暇がなかなかとれないが、その時間が与えられたと、前向きにとらえていくのがよい。ちなみに、会社のトップには、若いころに長期の療養を余儀なくされ、その中から経営者としての教訓を得たという人も多い。

体調が悪いときには思いきって、必要なだけ療養しよう。

10

国際化とは「日本人の誇り」を持つことだ

現代は、国際化の時代、少子高齢化の時代、経済のグローバル化の時代など様々な見方をされる。それだけ社会の動きは大きく、激しい。社会人は、そのような動きの中で仕事をし、成果をあげていかなければならない。

国際化の時代に対応して、語学力を高めることは誰でも考えるだろう。企業活動も国内だけでなく、外国を舞台とすることが多くなってきた。ビジネスパーソンは国際人である、と言う時代に入ってきたと言えよう。

最低限、ビジネスを進める上で支障がない程度の会話力、読解力が求められる。しかし、それだけでは不十分だ。相手の持っている価値観や文化を理解するとともに、自分も一定の価値観を持っていることをアピールできること。また、固有の文化を持つことを示さなければならない。世界的な日本の文化遺産については、外国の人たちに誇りを持って説明でき、納得させられなければならない。そのためには、歴史や日本独特の習慣、民俗風習などをしっかりと勉強しておく必要がある。

少子高齢化時代に対応しては、男性なら、女性が働きやすい職場を積極的に実現することが、まず必要だ。女性の社員とよきパートナーシップを実現し、職場から「セクハラ」などという言葉を追放しなければならない。

女性なら、これまでの男性中心だった社会がつくり上げた職場のルールを理解し、点検し、協働しやすい職場へと改善していく地道な努力が必要だ。その上で仕事を主体的に進め、成果をあげていく。男女の別なく、職場でも家庭でもいきいきした時間を過ごせなければ、少子化傾向は止まらない。

また、職場の年齢構成も高齢者が多い逆ピラミッドになってきた。若手といえどもしっかりした責任感を持って仕事に取り組むことを要求されるだろう。年長者の経験に基づく有用な智恵は、早い時期に積極的に吸収するとよい。

経済のグローバル化に対応しては、一つのビジネスが様々なビジネスと関連性を持つ時代との認識で、仕事に取り組むことが必要になる。自分の会社や自分が行なっている仕事について豊富な知識を持つだけでは、十分とは言えない。大げさに言えば、自分の仕事を通じて世界の経済活動を見たり、考えたりする姿勢が必要である。

大切なことは、多様化の時代と言えども、基本はしっかりした自分自身を持つことだ。自分の感性と倫理観を怠らずに磨く姿勢が、求められる。

しっかりした自分を持ち、仕事を通じて世界について考えてみよう。

多忙な毎日の繰り返しのように感じる。

「自分には未来がある」と信じよう

パソコン一つを例にとっても、その進歩は目ざましい。次々に新しく便利な機能を持つ新機種が売り出され、購買意欲を刺激する。また、価格の面でも、少し無理をすれば買えるのも事実だ。

高価な機械だから一度買ったら一生もの、というような考えは、まったく通用しない。それだけモノが豊富であり、経済的にも豊かになってきていると言えるだろう。いわば、「豊かな時代」なのだ。

それだけに、ビジネスパーソンにとっては、厳しい時代でもある。モノ不足でつくればつくるだけ売れた大量生産の時代から、モノ余りで個性がなければ売れない多品種少量生産の時代に変わってきているのである。何が売れる個性かを見つけるセンスが重要となった。

既存のデータを机上でにらんでいても、成果はあがらない。第一線に出て、自分の目で確めながらニーズをつかまなければならない。気の抜けない、多忙な毎日が繰り返されていく。若いうちはよいが、歳を重ねれば、体にも無理がかかっていく。働き盛りで「過労死」するビジネスパーソンになったのでは、元も子もないことになる。

ビジネスをきちんとこなしていくことはもちろん大事だが、豊かな時代のその豊かさを実感し、心にゆとりを持って生きることも大事な時代になった、とは言えないだろうか。

心にゆとりがあればこそ、自分の足下もよく見え、歴史や文化にも目が向く。忙しいという字は「心を亡くす」と分解できるという。忙しいという言葉を口にせず過ごせるように努めてみよう。

そのためには、時間をムダなく有効に使う知恵が必要だ。仕事を計画的に進め、惰性に流されないようにする。また、仕事以外に打ち込めるものを見い出す。幅広い交友関係を築き、仕事を離れて広く歩いてみることだ。

自分の人生は、自分で設計し、つくり上げていくものである。仕事だけに追いまくられ、夢を見失ってしまったというのでは、人生、空しすぎる。いつまでも夢を追うスケールの大きいビジネスパーソンを目指して、大いに羽ばたいていってほしいと思う。


豊かな人生を送るためにも、仕事以外にも目を向けるゆとりをつくろう。

10

具体的な仕事への取り組み方

会社特有のきまりやしくみ

こんな疑問を感じたら…？

あなたの「素朴な疑問」に答えます

社会人としての教訓と心構え

編者紹介

（財）日本生産性本部は、「生産性向上対策について」の閣議決定に基づき1955年３月１日に設立された非営利法人。設立以来、一貫して数多くの新入社員教育や管理者・リーダー教育など産業界の人材育成を行なう。また、新卒入社者の特徴を検討し、毎年、新入社員タイプを命名していることでも知られる。
http://www.jpc-net.jp

執筆者紹介

正木勝秋（まさき　かつあき）
明治大学法学部卒。人事院に入り、管理局職階課職務分類官、研修審議室研修企画官、同室研修研究官、職員局職員課長補佐（総括）、公平局調整課長補佐（総括）、人事院任用局企画課人材確保対策室長、公平局企画官、同局首席審理官、職員局職員団体課長、総務局監理官兼参事官等を経て、現在、行政書士、教育研修実践アドバイザーとして活躍中。著書多数。

新入社員読本［第3版］
～仕事の基本100のポイント～

二〇一一年九月二十一日　第1刷©
二〇二三年二月二十日　第4刷

編者／日本生産性本部
発行者／髙松克弘
発行所／生産性出版
（〒102-8643）東京都千代田区平河町二丁目十三番地十二号
日本生産性本部
電話（〇三）三五一一―四〇三四

印刷・製本／藤原印刷

ISBN 978-4-8201-1985-2
Printed in Japan